SP Record guide

From basic knowledge to utilization of historical materials

SPレコード入門

基礎知識から史料活用まで

毛利眞人

Mori Masato

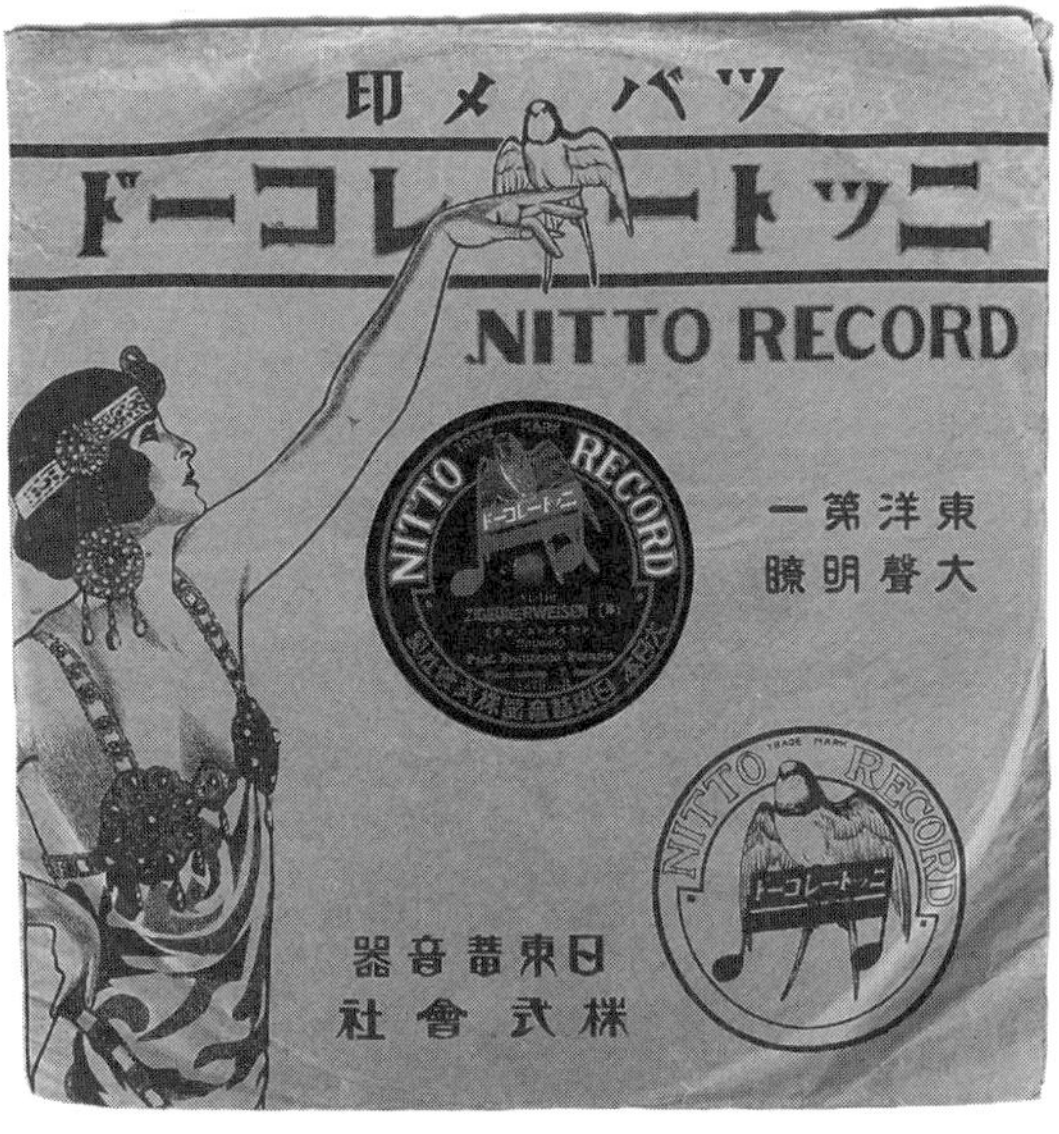

Stylenote

目次

序　「SPレコード」というメディア

昔は「割れるレコード」「瓦レコード」といった言い方で通用したSPレコード。明治はおろか昭和すら遠くなりにけりな令和の時代では、もはや死語、古語に近い。しかし一方で新しいファンを獲得し、コレクションアイテムとして普遍的な人気を誇る、不思議な存在である。

SPレコードとは何かを説明するためには、まず「レコード」が何なのかを説明する必要があるだろう。今日ではヒット曲の数々は音楽配信から生み出される。CD（コンパクトディスク）も根強く新譜がリリースされており、音声記録媒体のソフトとしては主流の地位にある。CDより前の時代に音声記録媒体の覇者だったのがレコードだ。語源はそのものずばり、「記録」である。

レコードは一九八〇年代にCD（コンパクトディスク）にその座を譲るまで数十年間、広く普及していた。外観はCD同様、平円盤（ディスク）であるが、赤外線レーザーでデジタル信号を読み取って再生するCDとは違って、レコード針がレコードに刻まれた音溝に物理的に接触して音の波形をなぞり、振動信号を音声に変換して再生する。この録音・再生方式がアナログ的であるため、デジタル方式に対応して、アナログレコードとも呼ばれる。

レコードを楽しむにはプレイヤーが必要である。お手軽なポータブル・プレイヤーから贅《ぜい》を尽くしたハイエンドのオーディオシステムまで、好みに沿ってカスタマイズされた音響機器で「鑑賞」する。流し聴きではなく鑑賞するという行為に没入できるのが、レコードの大きな魅力であろう。そのアナログレコードが「静かなブーム」といわれて久しい。CDに王座を奪われて、レコードの生産高は二〇〇九年には年間十万枚まで落ち込んでいたのが、十年後の二〇一九年には百二十万枚まで増加した。(1) 生産されるレコードの内訳を見ると、過去の名盤の再発に留まらず、新譜をわざわざレコードでリリースするアーティストも少なくないようだ。このような流れを見るに、レコードは静かなブームというよりも、復権のきざしを見せているというほうが正確だろう。

さて、ここで復権のきざしを見せているレコードは「ＬＰレコード」である。ＳＰレコードは、レコードである点では変わらないのだが、ＬＰレコードよりさらに古い時代に主流だった方式のレコードである。ちょっとだけその歴史に触れてみよう。レコードは、開発された順にしたがってＳＰレコード、ＬＰレコード、ＥＰレコードと呼ばれる種類がある。ＳＰレコードは一九六〇年代初頭まで製造された。その末期はＥＰレコード、ＬＰレコードと共存しつつ、音声再生ソフトの主流の座から退いていった。それぞれの違いを挙げる。

ＳＰレコード……【主原料】シェラック、コパールゴム、コットンなどの繊維質、クレイ、石粉、カーボンブラック　【サイズ】10インチ（25・4センチ）、12インチ（30・48センチ）が主流　【回転数】78・80　【収録時間】一面あたり三〜四分程度　【再生環境】蓄音機・78回転対応のプレイヤー

ＬＰレコード……【主原料】塩化ビニール　【サイズ】10インチ、12インチ　【回転数】33⅓　【収録時間】二十分程度　【再生環境】レコードプレイヤー

ＥＰレコード……【主原料】塩化ビニール　【サイズ】7インチ（17・5センチ）　【回転数】45　【収録時間】七〜八分程度　【再生環境】レコードプレイヤー

ＬＰレコードは、ＳＰレコードの収録時間が一面につき三〜四分だった時代に二十分の収録を可能とした。

そのためLong Playing Recordと呼ばれたのが語源である。ＬＰの出現と同時に、それまでのレコードは標準的な収録時間を示すStandard Playing Recordを略してＳＰと呼ばれるようになった。つまり、ＬＰもＳＰも相対的に発生した用語なのであって、ＳＰレコードはＬＰレコード出現以前、ＳＰレコードとは呼ばれなかった。ただ単に「レコード」「ディスク」「音盤」などと呼ばれることが多かった。ＥＰレコードはＳＰとＬＰの収録時間の中間を埋める目的で開発されたExtended Playing Recordが語源である。厳密には複数のトラックを収録したレコードをＥＰと呼び、7インチのシングルレコード（収録時間は片面三分半ほど）とは区別されるが、日本では7インチ盤は総じてＥＰレコードと呼ばれる傾向がある。

筆者は一九七二年生まれだが、ひと世代上の一九六〇年代生まれでも、すでにＳＰレコードとＬＰレコードの違いの分からない人がけっこういる。身近な方に「ＳＰレコード知ってる?」と訊いたら体感できるだろう。ＳＰレコードの概念を直感的に伝えるのは意外にむずかしい。もっとも分かりやすいのは、「割れるレコード」という言い方だろうか。塩化ビニール素材のＬＰとちがって焼き物に近いＳＰレコードは落としたり机の角にぶつけたりすると割れるのだ。

それからもうひとつ決定的な違いがある。回転数である。ＳＰレコードの標準的な回転数は78回転で、80回転もしばしば見受けられる。ＳＰレコードが現役であった時代は、蓄音機や電気蓄音機と呼ばれる機器で再生していた。そのため「蓄音機でかけるレコード」という言い方もよくされる。(2)

ＳＰレコードは博物館や図書館に所蔵される歴史遺産であって、現代生活からは遊離した過去のものと思われがちだが、実はそうではない。世のなかにはさまざまな趣味があるが、レコードコレクションも立派な趣味のひとつで、とりわけ情報量の豊かな近年ではＳＰレコードの蒐集に新規参入する人も増えている。熱心な愛好家が多数存在するコレクターアイテムなのだ。だが、古書市場と異なって、ＳＰレコード界隈《かいわい》は書誌が完備しているわけでもなければ、相場が確固としてあるわけでもない。いまだに曖昧《あいまい》模糊《もこ》とした世界である。一方でレコードは産業史、洋楽史、歌謡史など史学の史料でもある。あるのだが、データベースとして整備されているわけではないから、大学研究ではオリジナルのレコードや資料を個人で収集するか、書籍や復刻レコード、復刻ＣＤなどの二次資料に頼らねばならないのが現状である。研究者の手に届く範囲の資料や音源しか参照できないのでは、その研究成果も限定されるのはいうまでもない。やはり曖昧模糊とした世界なのである。

本書は、ＣＤはおろかＬＰレコード・ＥＰレコードとも扱い方が異なり戸惑ってしまうケースが多いＳＰレコードについて、その取り扱い方を説明する目的で起稿した。特に後半では、史料としてのＳＰレコードの情報をどのように読み取るか、どのように取り扱うべきか、また現在どのような取り組みがおこなわれているかに重点を置いた。ＳＰレコードの入門者からレコード所蔵機関の学芸員や研究者まで幅広い層の方々に、この本のどこかが役に立てば幸いである。

（１）「音楽ソフト 種類別生産数量推移」（一般社団法人 日本レコード協会ホームページ）より。ちなみに二〇一九年のＣＤの生産高は約八百九十万枚である。

（２）蓄音機は蓄音器とも書く。日本に蓄音機が渡来した黎明期から機と器は混在していたが、日米蓄音器商会の設立（一九〇九年）によってレコード業界での表記が定着したものと思われる。戦前のレコード会社や業界団体は社名に蓄音器の字を入れることが慣習化していた。蓄音機を楽器とみなす観点から現在でも「蓄音器」と表記されることが多い。一方で行政文書や音響機器の専門家などは蓄音機を用いた。また野村あらえびすは自著『蓄音機とレコード通』（四六書院一九三一年）で「器を機にしたい」と主張した。いずれも間違いではない。双方に理はあるが、本書では蓄音機で統一する。

第一章　SPレコードの扱い方

I　SPレコードの買い方

SPレコードとの出会い方は、人の数だけあるといっても過言ではない。筆者の場合は、祖父が好奇心で骨董屋から購入したボロ蓄音機とひと束のレコードがきっかけだった。中学生だったと思う。そもそも父親がタンノイのオートグラフ[1]でフルトヴェングラー[2]の戦中ライブ録音をがんがん鳴らすというオーディオ愛好家・フルトヴェングラー愛好家であったから、古くて新しい音の世界に少年を引きずり込む環境がもともと整っていたといえなくもない。

筆者をレコードの道に引きずり込んだ筋はそれだけではない。やはり中学生のころ、NHKのFMラジオで「日本盤ポップス・イン・メモリー」という特集番組が十日間にわたって放送された。これを聴いて、ではなく聴き逃したのである。[3]FMファン誌には字面を見るだけで聴きたくなるジャズソングのタイトルが羅列され、番組に使用したLPレコードの商品番号がこと細かに記してあったので、町のレコード店に矢継ぎ早に注文した。ところがその当時、一九八〇年代半ばというのはちょうどLPレコードがCDに切り替わった時期で、六、七種発注したレコードはすべて廃盤となっていた。筆者が生まれ育った郡上八幡という町は山に囲まれた古い城下町で、レコード店は町に二軒、書店も二軒、古物屋はあるが中古レコード店などない。結局お目当てのレコードは手に入らなかったが、その代わり『懐かしのジャズ・ポピュラー・ヒット集★戦前篇★』（ビクター音楽産業株式会社）というオムニバスCDが手もとに届いた**［写真1］**。戦前ジャズへの好奇心に火をつけるには、それだけで充分だった。復刻盤が手に入らないのなら、現物を探そう。

ほかにもきっかけがあったような気がするが、町の古物商のおばあちゃんと仲良くなったり早朝一番のバスで名古屋大須観音の骨董市に通ったりなどしながら、レコードを追求する道を進んだ。ジャンルはわりと初期から固まっていた。クラシック音楽のレコードから日本の洋楽史へ、戦前の流行歌から特にジャズソングや全貌のよく分かっていないマイナーレーベルの流行歌に興味が絞られていった。「よく分かっていない」というものに惹《ひ》かれたようだ。筆者は今でもＳＰレコードに因む本を書きちらし、復刻ＣＤを監修しているが、その根源は中高時代に復刻盤に飢えたことでふくらんだ欲求心の延長なのである。

このように「家に蓄音機とＳＰレコードがあった」ということから愛好家となったケースは比較的多い。ラジオやテレビで古い音源に触れて興味を持ち、中古レコード専門店にたどり着いた、という例や、人から唐突に譲られた、骨董市でたまたまめぐり遭って興味を持った、などＳＰレコードとの出会いにはさまざまなケースが考えられるだろう。最近では中古品のリユース店にも蓄音機やレコードが置かれていることが多いので、ひと昔前よりもかえってＳＰレコードに遭遇する確立は高くなっているかもしれない。面白いことに昔から中学生くらいでＳＰレコードの世界に入ってくる人が多い。筆者もそうであるし、SP復刻のインディーズレーベルを主宰する保利透氏も筆者と同年生まれで、やはり中学生でこの世界に足を踏み入れた。概してレコードだけでなくほかの趣味と並行しており、たとえば古書だったり日本史だったり古い映画やテレビ番組や漫画だったり鉄道や旧軍の航空機だったりと歴史に関連性を持っているのが特徴といえば特徴である。古い物好きの選択肢のひとつがＳＰレコードといえなくもないが、十代の柔

写真1 SPレコード蒐集のきっかけとなったCD

軟な脳だからこそSPレコードの難解で複雑な知識をすんなりと受け入れ、面白いと感じるのかもしれない。きのうの年少コレクターはあすの先輩コレクターで、今こうしている間にも新しい若手コレクターは生まれている。

SPレコードの入手方法については、この道のベテラン岡田則夫氏の『SPレコード蒐集奇談』（ミュージック・マガジン）がそっくりそのままガイドになる。筆者自身、岡田氏の連載を毎月胸躍らせながら読んで学んだので同書の後追いになるが、SPレコードを買おうと思ったら古物商や寺社の境内で定期的におこなわれる骨董市を回るのがもっともよい。現物を手にして選ぶ喜びにひたることができるからだ。(4) 時には失敗をするかもしれないが、失敗を重ねながら経験を積んでゆけるのがコレクションの醍醐《だいご》味である。そうしたなかで、目指す探求盤をレコードの山から見出したときの感激、満足感はほかに例えようがない。レコード収集は趣味道楽なのは間違いないが、探究心と達成感に於いては学術研究となんら変わりがないのではないか。筆者がレコード集めをはじめた一九八〇年代、骨董市に出ていた露店ではSP盤は払暁《ふつぎょう》に千円、午後になったら値引きして五百円で売っていたと記憶する。午後になっても強気の千円で売る店もあった。何枚かまとめ買いするときは値切ったものだ。同じころ、古物屋でもSP盤は一枚五百円程度だったが、中部地方ではどこにでもあるというものではなかった。

露店や古物屋では運がいいとウブ出しの荷に遭遇することがある。先に誰かが荒らした荷でも、自分なりの掘り出し物を見つけることができたりする。至福のひとときである。もっとも探しているレコードが運よく出てくるとは限らない。探しものがある場合は、中古レコード店に行くのがよい。SP盤を扱う専門店であればジャンル別に豊富な在庫が取り揃えられており、目的のレコードをピンポイントで探すのに適している。代表的なところでは東京は神田・神保町の富士レコード、同じく神保町のレコード社（系列店）、銀座のシェルマン・アートワークというところで、そのほか東京、大阪にSP盤を扱う店が点在しており、いずれも個性的な品揃えをしている【写真2】。

『SPレコード蒐集奇談』にも紹介されているが、トレード（交換）は自分の欲しいレコードを集めるためには効率のよい方法だった。筆者の場合は、大須観音の市で知り合ったコレクター氏が声をかけてくれて、ウォントリストをやり取りしてトレードをおこなった。その後ベテランのコレクターともトレードをおこない、その過程でレコード専門店にはどういう店があるか、どんなレコードがトレードで喜ばれるか、といった知識を教えてもらった。露店市はレコードだけでなくコレクターとの出遭いの場でもあるのだ。

インターネットが普及した現代では容易にSPレコードに関する基礎知識を得ることができるし、ヤフオク！（インターネットオークション）やメルカリのような市場で、昔よりもはるかにお手軽にレコードを手に入れることもできる。お手軽な代わりに掘り出し物を見つけたという感動も乏しく、

富士レコードの店内（提供：富士レコード社）

シェルマンの店内（提供：銀座シェルマン アートワークス）

写真2　レコードの店内風景

他人と競り合うことで心臓にも悪いのだがレコードの出物があるのには違いがない。露店からネットオークションに移行した業者も多く、いまではレコード購入手段のイニシアチブを取っているといっても過言ではないだろう。ヤフオク！はＳＰ盤カテゴリーに常時二万数千点が出品されている。ありとあらゆるジャンルのレコードが出品されているので、探しものにも便利である。一枚数百円から出品されているのが魅力だが、オークションであるから競り合いになることも多い。欲しいレコードが出現したときには覚悟が必要だ。また、出品者の希望価格で入札すれば落札できる即決品もある。

　入門者から筋金入りのコレクターまで老若男女がフラットに参加できるのがネットオークションの良いところであるが、それでもはじめは専門店や露店で直接レコードを手にして「ＳＰレコードはこういうものだ・どういう場合が良い状態／悪い状態なのだ」ということを会得しておいたほうがよいだろう。観察眼が肥えていないと良いものが手に入らないという点では、スーパーの食料品売場もネット上のレコードも変わりはない。

　レコードを前にしたとき、それがどのような状態であるかを知るのは大切なことだ。どのような場合が「良い状態」なのか。逆にどんな場合が「悪い状態」なのか。状態を見極めるには次のような見立てをする。[5]

◆まずは充分に光量のある場所でレコードを手にして盤面を改める。欠けや大きな割れがある場合はこの時点で分かる。光にかざしてみたとき、聴きこまれて擦れているレコードは全体的に音溝が白くなっている。部分的に白くなっているレコードは、高音部で音溝にダメージを受けていることが多い。再生するとビリつくだろう。

◆とりわけ気をつけないといけないのは、ヒビと針キズである。薄く入ったヒビはよくよく盤面を観察しないと分からない。レコードの扱いに慣れた人は指先にレコードを乗せて、上から指で軽く叩《たた》く。その響きでヒビの有無を見分ける。ヒビのないSPレコードは軽く叩くと梵鐘《ぼんしょう》のように低く共振するが、ヒビがあると不協和音を発するのである。針キズはレコードを斜めにかざすと白く光って見える。音溝に対して垂直に入ったキズは擦過音が出るだけだが、音溝に沿ったキズは必ずといってよいほど針飛びする。キズの有無にかかわらず欲しいレコードであったら仕方ないが、状態にこだわるのなら気をつけたい要目だ［写真3］。

◆レーベルの周囲を観察しよう。スピンドル・ホール（盤面中央の穴）の周辺が剥《は》げていたり、ヒゲ（蓄音機のターンテーブルにレコードをセッティングする際、ぞんざいに扱うとスピンドルの先端で中心孔の周辺になぞったような痕がつく）が多く見受けられる場合はけっこう聴きこんだレコードである。盤面がきれいでもスピンドル・ホール周囲が汚いレコードは、イボタ蝋《ろう》やオイルで擦れた音溝を化粧している場合があるので要注意だ［写真4］。

◆レコードがアルバムに収容されている場合、中でレコードが割れていることがあるので、必ず一枚ずつ確認するべきである。セット物の場合、アルバムと中身のレコードが異なっているというのもよくあることだ。

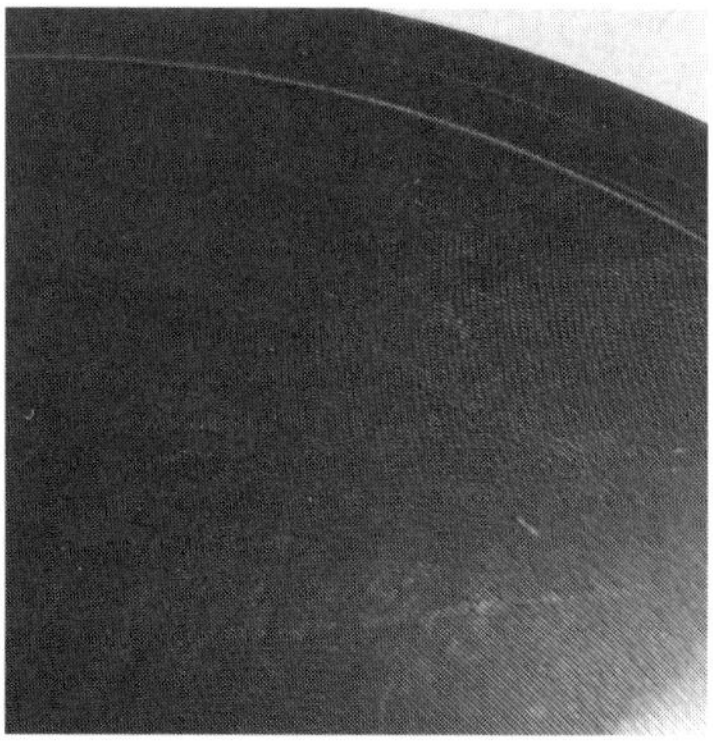

写真3 針飛びを起こすキズ（音溝の白い部分）

写真4 スピンドル・ホールの周辺が摩耗したレコード

ネットオークションやフリマアプリでも、盤面を呈示して、さらに状態や傷の有無を説明している出品者は多い。稀《まれ》にＬＰレコードのグレーディングを応用している出品者もある。どのような書法であれ、丁寧に説明してあればまず信用に足るだろう。ただし、過度の期待は禁物である。状態の査定には個人的な主観が入るし、見落としもなきにしもあらずである。また出品レコードを魅力的に見せるテクニックに長けた出品者もある。届いたレコードが梱包の不備で割れていたりなどしたら返金対象だが、画像で見たほど美盤ではなかった、ということは多々ある。期待外れでも勉強代だと割り切って次に行こう。[6]

状態の見極め方を述べたものの、実のところコンディションは二の次の問題である。たとえヒビが入っていても、そのレコードを欲しい、買うべきだという直感に従ったほうがよい。コンディションで二の足を踏んで手放したレコードがその後二度と手に入らない、という痛い経験はレコードコレクターなら誰でも持ち合わせているものだ。

II　SPレコードのお手入れ

SPレコードはさまざまな経緯の末、あなたの手の中に来た。そのレコードについての基礎知識と手入れの仕方をこれから述べよう。

レコードの部位と附属品

レコードの外周にはブランク（空白）がある。音溝へ誘導する溝がある場合、その溝をリードイン・グルーブ（あるいはリードイン）という。音溝の内周もブランクとなっており、引き込み溝がある場合はリードアウト・グルーブという。レコードの中央にはレコード会社や商品番号、収録されている内容が記載された紙が貼ってある。レーベル（またはラベル）と呼ぶ。なお、レコード会社のこともレーベルと呼ぶ場合がある。レーベルの中央には蓄音機やプレーヤーのターンテーブルにセッティングするための穴（スピンドル・ホールまたはセンター・ホール）が空いている［写真5］。

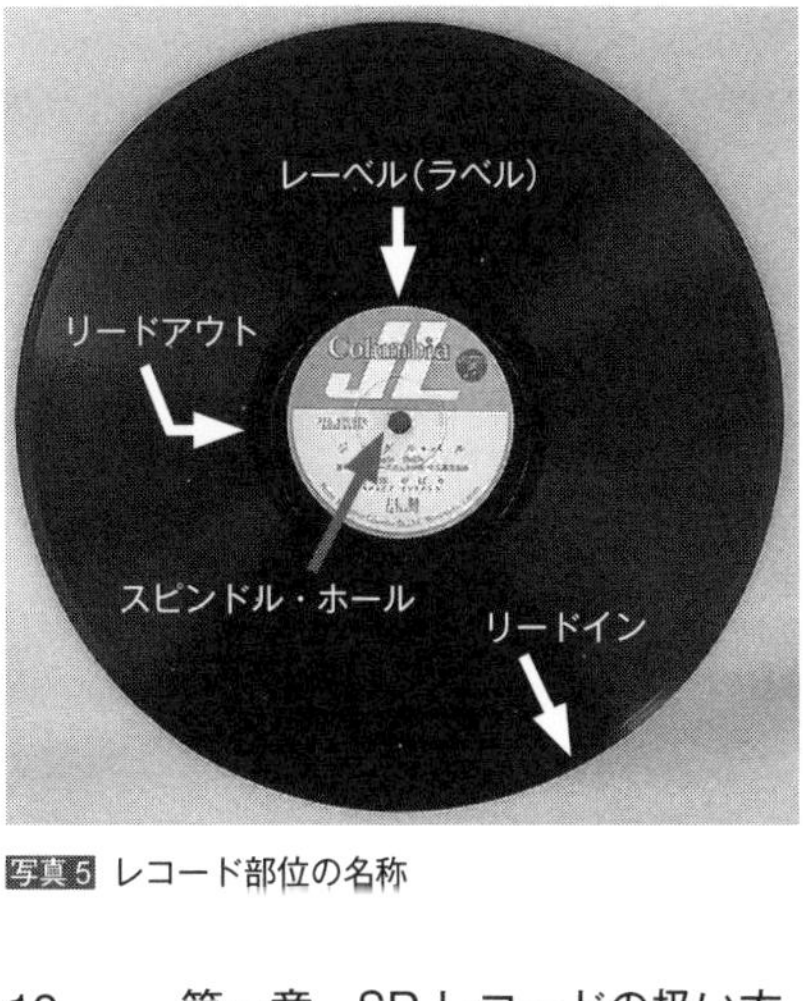

写真5　レコード部位の名称

写真6 スリーブとアルバム

レコードを収納するのがレコード袋で、スリーブともいう。多くは紙製である。ＬＰレコードでは一般的にジャケットという。ＬＰレコードは薄いインナースリーブ（紙製やビニール製が多い）に収納してからジャケットに収めるが、ＳＰレコードはスリーブに直接投げ込む。組物の場合はアルバムに収納する。現在でもポピュラー音楽の全曲集をアルバムと呼ぶのはＳＰレコード時代の慣習によるものだ。ＳＰレコードのスリーブの多くは共通するデザインと規格で作られている。しかし特定のレコードのために作られたスリーブも多い［写真6］。

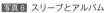

レコードを扱いなれていない人がまず直面するのが「どうやって持つか？」という問題である。単刀直入に述べれば、ＳＰレコードの持ち方に「こうするべき」という厳格な決まりはない。しかし、ぞんざいに扱ったり手もとが滑って落としたりすると割れてしまう。一応は最低限の「持ち方」がある。

多くの場合、レコード外縁に親指と母指球（親指の付け根のふくらみ）を当て、レーベル中央のセンターホール付近にほかの指をあてがう。しかし不安定ならば両手で持ったほうが安心だ［写真7］。レコードを持つ際、音溝に指がかかっても構わないが、手脂が定着すると洗浄しても取れないことがある。手脂は再生時の音質には影響がないもののレコードの美観が損なわれるので、気になるならばよく拭き清めたほうがよいだろう。昔からレコードコレクターにも雑な扱いをする人があったらしく、たまにべったりと指の痕がついたレコードがある。数十年前の手脂である。これがどれだけ洗っても取れないのである。

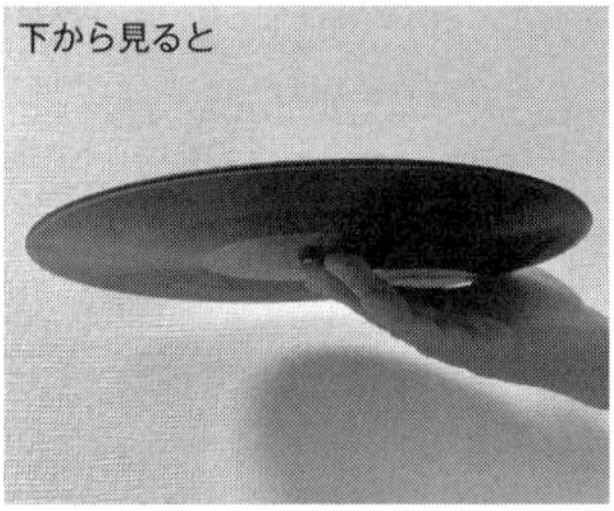

写真7 SP レコードの持ち方

レコードの洗浄

SPレコードは専用のレコード棚やケース、レコードアルバムに収納されて長い年月眠っていることもあれば、押入れや倉庫に放り込まれていることもある。アルバムセットの場合もあれば、単体で紙のスリーブ（レコード袋）に収められている場合、スリーブが失われて裸でむき出しのままの場合もある。つまり保存状態はさまざまだ。そのため、まず出てきたレコードの状態を目視してつぶさに確認する必要がある。

SPレコードが手もとにあるとして、それが専門店の商品やコレクターから譲られたものでない場合、多く

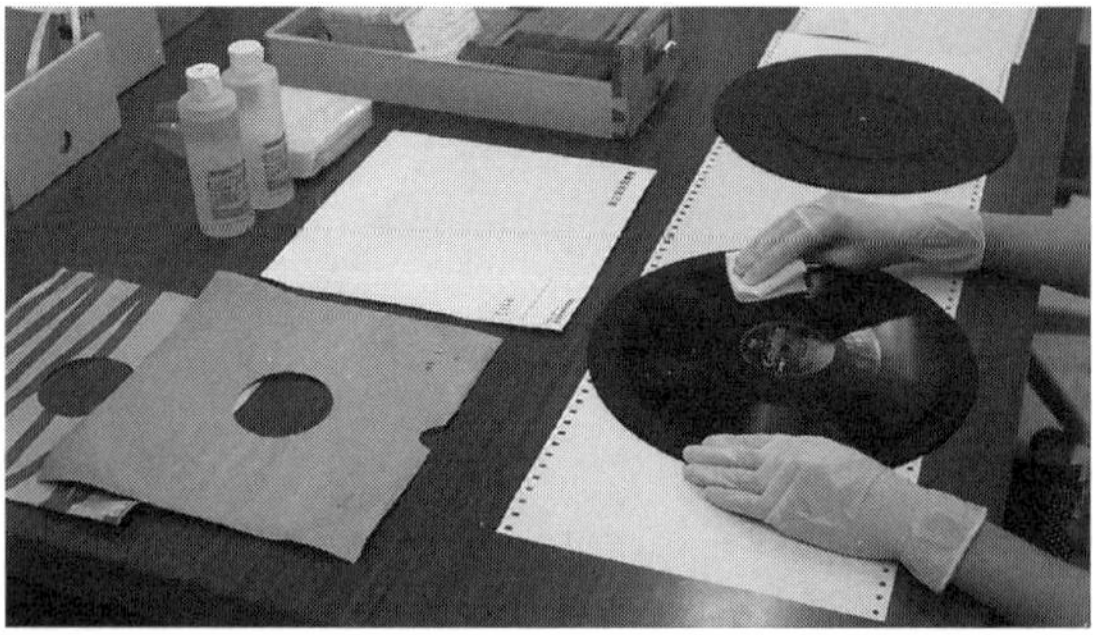

写真8 SPレコードのクリーニング作業（提供：国立国会図書館）

は埃《ほこり》を吸っている。レコードの音溝やスリーブ、レコードアルバムの内部に埃が溜まるのである。スリーブは袋状なので埃のほかに砂や土くれ、毛髪、爪の切り屑《くず》、蓄音機の鉄針、裁縫針、硬貨、紙幣、手紙やメモ、御札などの紙片、鼠《ねずみ》や虫の糞《ふん》、虫の死骸など種々さまざまな夾雑物《きょうざつぶつ》が出てくることがある。これらをきれいに掃除することからはじめよう。

レコードはただ単に布で拭き清めるより洗浄するほうが望ましい。レコードの盤面には埃が吸着しているばかりでなくカビが発生している場合も多いからだ。そのままにしておいては再生時に雑音のもととなるし、再生針のためにもよくない。

洗浄にはさまざまな手法がある。もっともシンプルなのは水道水で洗い流す方法である。きれいな盤面であれば、これだけでも構わない。カルキが盤面に残ると痕になるので水気をよく拭き取ることに留意すればよい。ただし、水を流しただけでは落とせないカビや汚れがある場合は有効ではない。

国内外の国公立のレコード所蔵機関や中古レコード店では市販のＳＰレコード専用クリーナーを用いることが多い。専門店やＷｅｂ上で入手できる専用クリーナーは、もっとも無難で確かな手法だろう。挿図は国立国会図書館・音楽映像資料室でのレコードクリーニングの様子である。ターンテーブルマット上にＳＰレコードを乗せ、専用クリーナーを用いて丁寧に洗浄している［写真8］。また近年では手軽に入手できる市販のアルカリ電解水をレコードのクリーニングに用いるコレクターも増えてきている。アルカリ電解水を用いた洗浄は盤面に発生したカビの除去に有効で、盤面にも無害で安全な方法である。

経済的に余裕があれば電動のレコードクリーナー・マシンを導入するのもよい。一枚ずつ丁寧に洗浄するので時間はかかるが、手洗いでうっかりレコードを破損する危険を避けられる。専用クリーナーで浮かせた汚れを吸入する電動レコードクリーナー・マシンは汚れたレコードにかなり有効である。ドイツのボン大学ではバキューム式の「ネッシー・バイナルマスター Nessie Vinylmaster」を使用している。

およそレコードコレクターで自己流のレコード洗浄方法を編み出さない者はいないであろう。水に何時間も漬けこんだり、家庭用洗剤で泡だらけにしたり、消しゴムでこすってみたりガラスクリーナーや風呂用クリーナーを用いたり、木工ボンドをたらして盤面を真っ白にしたりカビキラーを用いたりと、コレクターの数だけ洗浄方法があるといっても過言ではない。それぞれ一長一短があって、水に長時間漬ける手法はソリッド盤には有効だが、中間剤に紙を使っているコロムビアのニュープロセス盤や昭和十年代の日本ビクター盤は水が内部にまで浸透して破損の原因となる。さらにソリッド盤、ニュープロセス盤に関わりなくレーベルをだめにする。カビキラーはカビの生えたレコードにはもっとも有効であるが、盤面を長時間カビキラーに晒すと音溝を痛めるので濃度の手加減と手早さが必要である。そうしたメリット・デメリットはあるが、レコードが変質することなく仕上がりに満足がゆけば、人それぞれの編み出した手法で構わない。

注意点があるとすれば、シェラックはアルコールを溶剤とするのでアルコールが配合されたクリーナー剤は使ってはならない。LPレコードのクリーナーにはアルコールが含まれるので、当然SPレコードには使えない。

筆者は二十代のころ中古レコード店で日々SPレコードを洗浄していた。一日に数百枚あまり洗っただろうか。その店でおこなっていたのは、次のような手順である。

①リンスインシャンプーをお湯で三倍程度に希釈し、洗浄液を作る。
②洗浄液をなじませた植物性の亀の子たわしでレコードの盤面を盛大に泡立てる。
③泡がついた状態のまま二、三分ほど放置する。汚れが泡に移るはずだ。
④水道水で泡をよく洗い流す。目安は、洗浄液のぬめりが取れる程度。
⑤レコード立てなどにレコードを立てて水を切る。三~五分ほど置いてから柔らかい布で水気をよく拭き取る。特に無溝部は水分が残らぬように。水を切る時間は季節によって異なる。置きすぎると水分やカルキの痕が盤面に残るので、乾く前に拭くこと。

リンスインシャンプーを用いたのは、洗ったあと艶が出るという理由らしい。なお、シャンプーの銘柄は成分にアルコールが配合されていないタイプを選んでいた。たわしは植物性(パームやし)のものに限られる。ナイロンなど化学繊維のたわしは盤面を傷めるからだ。水洗いしたレコードの水を切るためには、レコード専用のスタンドを用いる。現在では製造されていないので、中古品を探すか、食器用スタンドを代わりに使うとよい。販売するSPレコードはすべてこの手法で洗浄していたが、仕上がりに顧客から苦情が出た例はないので、筆者は現在もこうしてSPレコードを洗浄している【写真9】。

SPレコードをクリーナーや水で洗うとき気をつけたいのが、中央に貼られているレーベルである。黒レーベルはともかく、赤いレーベルや青いレーベルは染料が水分に溶け出すことがあるので、あまり長時間濡らしたままにしておくのはよくない。特に日本ビクターの赤盤はタオルで濡れた盤面を拭いたとき赤い染料が移るので色落ちしたことが分かる。国産の内外レコード(貝印)も盛大に染料が滲《にじ》み出て驚くのだが、しかしそれでレーベルが著しく色褪《あ》せるということはないので、よほど色落ちに対して過敏でなければ安心してよい。どうしてもレーベルを水から守りたい場合は、レーベル部分をカバーする器具を装着するか、電動のレコードクリーナー・マシンを用いるのがよいだろう。

　ごく稀に水で洗ってはいけないレコードもある。エジソンが開発したダイヤモンド・ディスクは水洗い厳禁で、工業用あるいは医療用のイソプロピルアルコール（ＩＰＡ）を染み込ませた布で音溝の方向に沿って汚れを拭き取るようスリーブの説明書きで推奨されている。水洗いをすると中間材が吸湿しレコード盤に歪みを生

亀の子たわし

リンスインシャンプーをお湯で希釈して洗浄液を作る

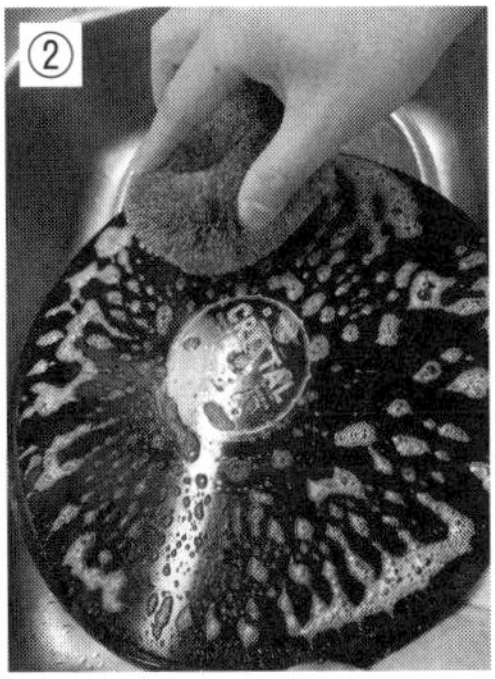

洗浄液をつけたたわしで音溝に沿って泡立てる

2分あまり放置して埃を浮かせる

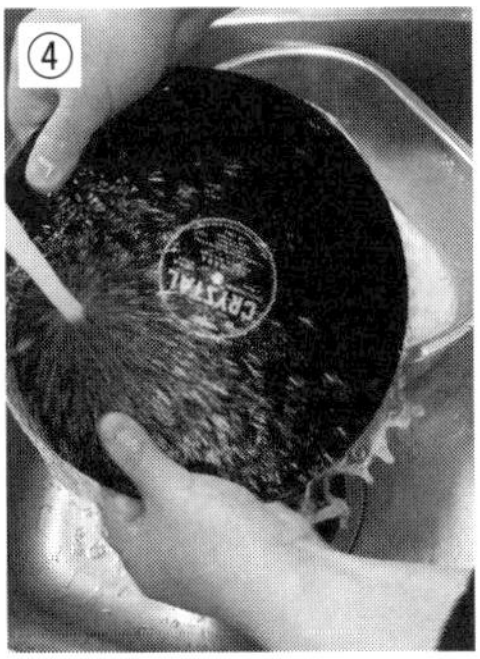

水でよく洗い流す

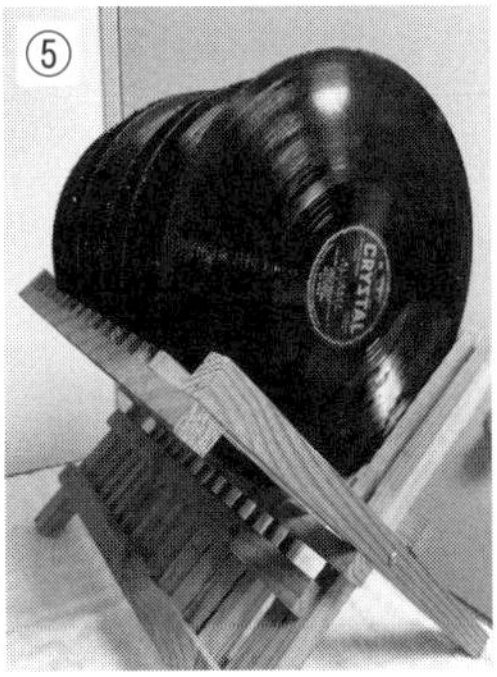

レコード立てで水を切る。5分内外置いたら柔らかい布で水気を拭き取る

写真9

じるからだ。セルロイド系の素材で作られた小型盤（5インチ・7インチ・8インチ）にも、たまに水分で変形するものがあるから注意が必要だ。また紙ベースのレコード（アメリカの「ヒット・オブ・ザ・ウィーク」盤やピクチャーレコード）も反りや変質の原因となるので水洗いは避けたほうがよい。

レコード袋（スリーブ）

先に述べたようにスリーブも汚れが甚だしい場合があるので、きれいにする必要がある。異物が混入したままレコードを収納しては盤面が汚れてしまうかもしれないし、鉄針やレコードの破片など硬いものが残っていたりなどすると盤面に傷をつけてしまう。スリーブの内部にゴミなどが残っていないかチェックしてよく払い、表面を濡れた布で拭き清めるのが一般的だ。徹底洗浄派は、ジャケットごと水に漬けて糊の接着面を剥がし丸洗いする。拭いたり丸洗いしたりしたスリーブをきちんと積み重ねて重しをかけたら十日ほどで新品のようにきれいにシワが伸びる。手っ取り早くアイロンをかけるという手もあるのだが、熱を加えることによって紙が弱くなるのでお勧めしない。

スリーブの多くは紙製であるから、破れたりちぎれたりしていることも多い。オリジナルを尊重する意味でそのままにしておいても構わないが、破損したスリーブを補修するのも楽しみのひとつだ。多くの場合、スリーブは側面の折り曲げ部分が裂けやすい。またレーベル窓の周囲が傷んでいることも多い。そうした破損袋はスリーブを全体的に濡らして一〇分ほど置き、丁寧に糊づけを剥がして展開する。充分に乾かしてから破れていたり破れやすい箇所を補強する。補修には和紙などを用いてもよいが、破れすぎて修繕できない同時代のジャケットを取っておいて切り貼りするのもよい。写真では分かりやすいように白い紙で補修の手順を示した［**写真10**］。

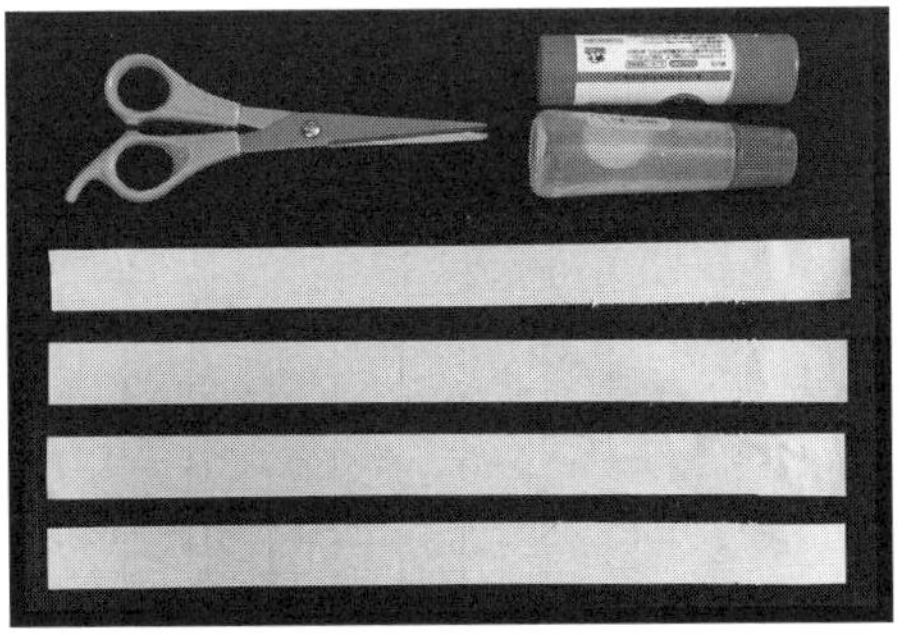

修繕に用いる紙、のり、ハサミ（カッターでもよい）

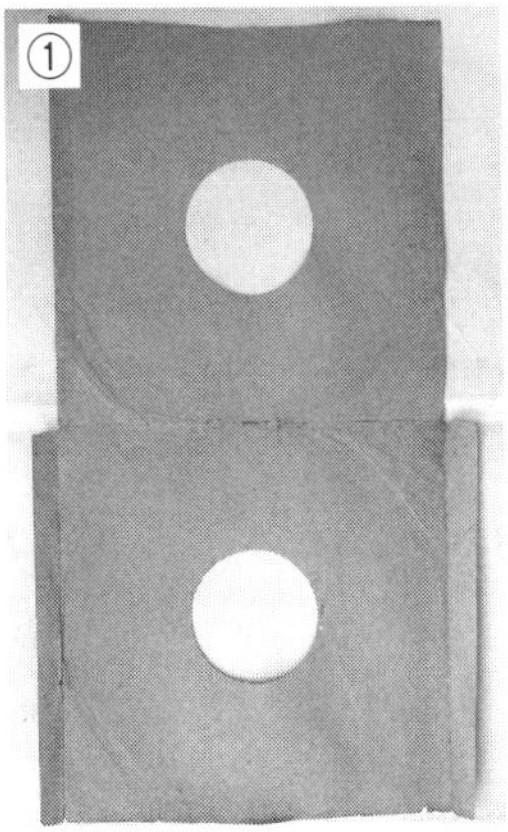

スリーブを展開し、よく拭き清める

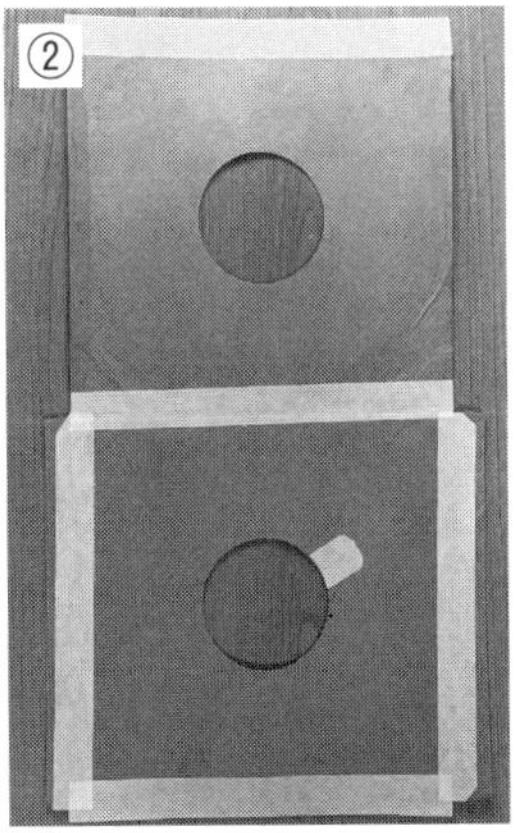

破損箇所を和紙などで裏打ちする

貼り合わせて完成

写真 10

Ⅲ　SPレコードの保管方法

日本の気候は高温多湿で、レコードの保管にはきわめて不向きである。梅雨どきの除湿に心を砕く現代でもそうであるから、戦前のコレクターはさぞかし湿気に悩まされたことであろう。「銭形平次捕物帖」で有名な作家でレコード評論家の野村あらえびすも高温多湿に悩まされてさまざまな対策を試みた。『名曲決定盤』（中公文庫）のなかで「レコードの保存と手入れ」という項目を立てており、これは現在でも参考にし得る内容である。

SPレコードの保管法も洗浄法と同様、各所蔵機関、コレクター間でさまざまに異なる。

縦置きか横置きか

日本の風土気候上、室温・湿度が管理できない部屋であれば横置きが望ましい。SPレコードが現役だった時代、家庭での保管用のレコードケースは縦置きと横置きの両方が普及していた［写真11］。縦置きのケースはよほどぎっちりとレコードを詰めて収容しないかぎり、夏場の熱と湿気でレコードがケースの内部で壁によりかかって曲がってしまう。保管環境に左右されるが、レコードアルバムに収納したり、レコードが曲がらないように両側からきっちりおさえてあれば縦置きも可である。現に縦置きでレコードコレクションを保存するコレクターも多い。室内環境をコントロールできる現代では、好みに従ったレコードの保管方法を採ることができる。

横置き派の個人コレクターは専門店で販売している携帯用のケースにレコードを収納して重ね置きしたり、アンティークの横置きレコード棚を購入したり、レコードを十～二十枚程度収納できる浅い箱を特注で拵《こしら》えたりして保管することが多い。棚や箱で小分けせず過度に積み重ねると自重でレコードにヒビが入るうえに、地震などでレコードの山が崩れたらヒビが入る程度ではすまない。また、たとえ平積みにしておいてもレコードが反ってしまうことがある。レコードの面が完全にフラットでなんの凸凹もなければ問題はないのだが、レーベルの貼ってある内周が一段へこんでいたり、逆に音溝を保護する目的でレコード外周と内周が盛り上がっていたり、という場合はレコードの重みでやはり曲がりが生じてほかのレコードにも影響してしまう。これを防ぐには厚めのスリーブを用いて、できるだけほかのレコードとの接着面をフラットにすることだ。

博物館や図書館、資料館などSPレコードを所蔵する公共の機関は一般のコレクターと異なって温度や湿度

縦置き保管の例：レコードケース

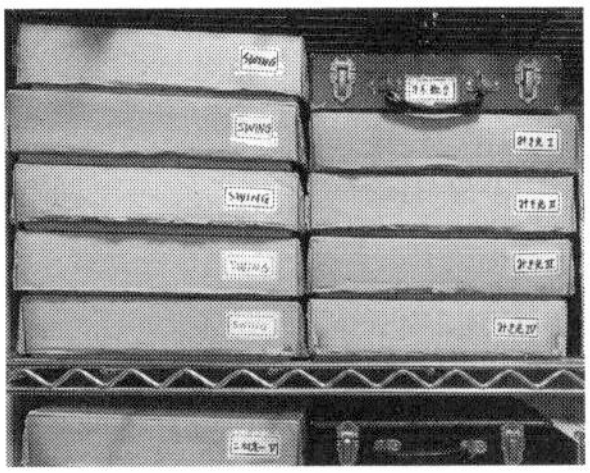

横置き保管の例：保存箱

横置き保管の例：レコード棚

写真 11

写真12 SPレコードの保存
（提供：国立国会図書館）

の管理が可能なので、場所を取るというスペース上の問題を除けば、横置き・縦置き問題に対してそこまで深刻ではない。

国立国会図書館の場合は地下六階で温度二十二度、相対湿度五五％で一定に維持された保管庫に、高さ約5センチの棚を五十段備えたキャビネットを設置している。ＳＰレコード、ＬＰレコードどちらもキャビネットに平置きで保管している。反り防止のため、積み重ねるのは十枚を限度としている。なお、レコードはアーカイブボードに収納して、スリーブと歌詞カードを別々に保管している[7]［写真12］。ボン大学では中性紙のスリーブに収納したレコードをぴっちりとアーカイブボックスに詰めて縦置き保存している。ヨーロッパは湿度が低いうえに室内の湿度管理も行き届いているので、保管スペース節約の目的もあって縦置きにしているということであった[8]。

反ったレコードの直し方

ＳＰレコードの主原料のひとつであるシェラックは熱を加えると変形し、冷ますと固まる性質を持っている。この性質を利用して、微細な音波を音溝に刻んだのがレコードなのだが、おなじ性質を利用して曲がったレコードを平らに直すこともできる。

昔から広くおこなわれているのが真夏の暑い日差しを利用する方法である。平らな板に反ったレコードを置いて日光浴をさせる。時間は日差しによるが真夏のカンカン照りの直下なら一〇分程度。やや陰りがある場合は三十分から一時間くらいでよいだろう。レコードが軟化したのを確かめたらガラス板で挟んで重しをかけ、日陰で冷ます。また、はじめからガラス板にレコードを挟んで日に当ててもよい。その場合も日陰に移して重しをする。ビクターやポリドールなどのソリッド盤は難なく平らに戻るが、芯に紙を挟んであるコロムビア系のニュープロセス盤は反りが頑固なので時間をかけないとなかなかもとには戻らない。また、日光に当てすぎると音溝にダメージが生じる可能性があるから注意しないといけない。反り直し用に28～30センチ角くらいのガラス板を用意しておくと作業が捗るだろう。

筆者が以前試みたことがあるのは、鍋に湯を沸かして中央に太めの瓶など柱になるものを置き、レコードに湯気を当ててガラス板に挟む方法だが、これは熱い湯気が盤面に当たると変質してしまうことがあるのでお勧めしない。ズボンプレッサーを利用してレコードを軟化させ、ガラス板に挟んで真っ平らにする方法は多くのコレクターがおこなっている。日差しの弱い季節にも可能で、またＬＰレコードにも有効な方法だ。

そんなに急がないならば、反ったレコードの凹んだ面を上にして軽くレコードを積み重ねておくとその重みで自然にもとに戻る。なによりレコードが反らないにするためには、平置きで保管するにしてもあまり多くのレコードを積まず十～十四、五枚程度に留めるのが予防となる。

擦れたレコード

ＳＰレコードの再生には戦前から戦後にかけて蓄音機を用いた。蓄音機のサウンドボックスは百～百五十グラムの重量があり、金属製の針や竹針、サボテン針などでレコードを再生する。硬いもの同士が物理的に接触する再生方式なので、ＳＰレコードは蓄音機で再生される度に少しずつ摩滅してゆく。ことにＳＰレコードが現役であった時代に広く普及していた合金製の通称「鉄針」で再生されたレコードには、再生が度重なってすり減った状態のものが見受けられる[写真13]。

いわゆる擦れ盤を復活させるために、古くから盤面に潤滑油やイボタ蝋を塗ることが推奨された。近年ではシリコンを塗布する方法もある。一応は盤面の艶と輝きが復活し新品に戻ったように錯覚するが、音溝が摩耗していることに変わりはなく、根本的な改善策にはなり得ない。それから再生に78回転つきプレイヤーを用いる場合にはイボタ蝋もシリコンも意味がない。ないどころか針先に埃がひっかかり再生を阻害する原因となる。蓄音機で再生する際に回転がスムーズになるというだけである。それでも愛聴盤をふたたび蓄音機で聴きたいというときにはこの手段を使うしかないのも事実である。

オイル系にしてもシリコンにしてもイボタ蝋にしても、塗りすぎるとレコードを扱うたびに指先やスリーブに油が付着するうえに、埃を大量に呼んでしまう。将来的に塗布したオイルが揮発して盤面が変質してしまうこともあるから、用いるなら盤面に直接塗布するのでなく、柔らかい布などに塗布したもので盤面を軽く磨く程度にするべきだろう。

写真13 （左）蓄音機用の針 （右）レコード針ケースもデザインの多彩さからコレクション対象となっている

キズのあるレコード

昔は百五十グラムほどある重いサウンドボックスに合金製の針を装着してレコードを再生した。乱暴な扱いをするとレコードの盤面にキズをつけることとなる。キズが音溝に対して縦の方向であれば雑音を発するだけだが、音溝に沿うようなキズの場合は溝を壊して針飛びを起こす。そのような場合、蝋燭のロウや壁補修用のクレヨンをキズに塗り込み、針飛びする箇所を注意深く飛ばないようにトレースして音溝を新たに作ってやれば針飛びを直すことができる。ただしこれは軽いピックアップのプレイヤーで再生する場合にのみ有効な手段である。ロウも補修用クレヨンもサウンドボックスの重さには耐えられないからだ。きちんと修理する場合は市販されている棒状のシェラックを溶かしてキズ部分を埋め、顕微鏡とメスを使って新たに音溝を切る。レコードに配合されているシェラックを修理に使うのがミソで、これなら蓄音機でも再生可能である。

Ⅳ　SPレコードの聴き方

　SPレコードの現役時代は、レコード再生には蓄音機や電気蓄音機が用いられた。レコードといえば蓄音機、蓄音機といえばレコードと互いに不即不離の関係にあることから、レコードを聴くために蓄音機を購入する人も多いのではないだろうか。場所と予算に余裕があれば、きちんと整備された蓄音機はおすすめである。蓄音機には2種類ある。ひとつはマイカ（雲母）をサウンドボックスの振動板に用いた機械式録音（アコースティック録音・ラッパ録音）時代の蓄音機で、テレビなどでよく見る朝顔ラッパの蓄音機といえば伝わるだろうか。もうひとつは一九二五年に電気録音方式に切り替わって開発された、ジュラルミン振動板のサウンドボックスを備えた電気録音対応の蓄音機である［写真14］。いずれも携帯式のポータブル蓄音機から中・大型のフロア型蓄音機まで多種多様で、現在でも好みに応じて専門店などで購入することができる［写真15］。蓄音機はターンテーブルを駆動するた

写真14　ジュラルミンを使用したサウンドボックス

写真15　フロアタイプの蓄音機　HMV 163

めにゼンマイを巻き上げることからいかにも原始的な機械に思われるかもしれない。しかし2メートル近くのホーンを内蔵したシステマチックな蓄音機から電気を使わずに発せられる高音質なサウンドとその音圧には、ただひたすら圧倒されるであろう。ただし音量調節がほぼできないので、現代の日本の住宅環境には不向きなオーディオシステムである。

蓄音機を電動モーターにし、真空管アンプで音を増幅してスピーカーから音を出す電気蓄音機は一九三〇年代から欧米で再生装置の主流となり、日本でも昭和十年代から戦後にかけて普及した。整備に手間と費用がかかるのでハードルは高いが、電蓄ならではのふくよかな音質が楽しめる。音量調節ができるのが現代の住宅事情にはありがたいが、大型の機種が多いので場所を取るという点ではフロア型蓄音機と大差ない。

蓄音機に関してはピンきりで、安い機種は安い音がするし、高級機は購入したことを後悔しない感動的なサウンドをもたらす。安いのに設計に工夫を施してあって意外に良質なサウンドの機種もある。実に奥の深い世界が蓄音機には広がっている。しかし本書はSPレコードのガイドである。蓄音機については梅田英喜『今日からはじめる蓄音機生活』（デコ刊）という、痒いところに手が届く良書があるので参照されたい。

現代的な環境でSPレコードを再生しようと思えば、33回転、45回転に加えて78回転のついたプレイヤーがある。針はLP用ではなくSP用の針が必要である。そんな特殊なプレイヤーなんてもうないだろう、といわれそうだが、レコードを激しくコスッて再生するDJ向けに78回転を搭載した機種が現役で販売されている。代表的なところでテクニクスのSL－1200シリーズ、パイオニアのPLX－500などが挙げられよう。針のほうもオルトフォンやオーディオテクニカを用いれば満足のいく音質でSPレコードが楽しめる。プレイヤーによる再生は音の明晰さと分離の良さが特徴で、これらは蓄音機では得られないものである。

再生環境に数万～十万円もかけられない、という場合は、より安価なポータブルタイプの78回転搭載プレイヤーがある。スピーカー内蔵型の製品が多く見受けられる。お手軽という点では申し分ないが、ただし音質的には妥協をせねばならない。このように、リーズナブルな機種からハイエンドまで、ハード面ではSPレコードはLPレコードと同様、現役メディアなのである。アナログブームの究極がSPレコードといっても決して過言ではないだろう。

Ⅴ　SPレコードの分類

ある程度以上の大量のレコード群になると、分類整理が必要となる。SPレコードの所蔵機関ではレコードから得られるメタデータを基として各自フォーマットを構築している。そこまで本格的でなくとも、一般的にコレクションを管理するためにレコードに通し番号を付与したり、ジャンル分けをしたりしている。ジャンル分けについて複数のレコード所蔵機関での例を少し述べると、

①レーベルに記載されているジャンルに従う
②ＮＤＬ（国立国会図書館）が配信する「歴史的音源（れきおん）」での大分類・小分類に従う
③独自の分類法でジャンル分けする

に大別される。

レーベルに記載されているジャンルに従うと、レコード会社や時代変遷による表記の揺れが頻出する。たとえば民謡は戦前、「俚謡《りよう》」と表記するのが一般的であった。映画主題歌は昭和初期には「映画小唄」「映画主題歌」など表記が一定しない。流行歌の分野は「流行小唄」「新流行歌」「新小唄」「ジャズ小唄」「歌謡曲」など表記揺れのオンパレードで、一九三〇年代になってようやく「流行歌」が呼称の主流となった。呼称を統一し

たいところだが、ジャンル認識の変遷を知る意味合いから、レーベル上の表記は優先されるべきである。[9]

「歴史的音源（れきおん）」では書誌の「件名」項目にレーベル上のジャンルを記載したうえで「統制語」項目を設け、音源の内容に関連する単語を登録して表記揺れに対処している。[10] ①レーベル表記に②NDLの「れきおん」方式を組み合わせるのが、現在のところ理想的といえる。③の独自の分類法は個人コレクションにしばしば見られる。コレクターが個人的に活用できるよう工夫が凝らされているのが特徴で、ある分野に特化したコレクションであれば、ジャンル分けもそのジャンルに即して細分化することとなる。

ジャンルの下位分類としては、録音者（歌手、演奏者・演奏団体、話者など）やタイトルをあいうえお順、アルファベット順に配列したり、録音年の順列にしたり、レコード会社別に分けて更に商品番号順にしたり、と多様な分類法がある。個人コレクターの場合は、好みや使い勝手によって自分なりの方法で自由に分類するのもコレクションの醍醐味だろう。

（1） タンノイは英国のスピーカー・メーカー。オートグラフは一九五三年に発売された大型モデルで、小説家でオーディオ愛好家の五味康祐が愛用したことで日本でも有名になった。

（2） ヴィルヘルム・フルトヴェングラー（一八八六－一九五四）はドイツの指揮者。ベルリン・フィルハーモニー管弦楽団を手兵とし、ロマン主義的表現の濃厚な指揮によってドイツ音楽界を象徴する存在となっていた。正規のスタジオ録音のほか、第二次大戦下におこなわれた演奏が帝国ラジオ放送の録音テープによって音源化され、現在でも聴くことができる。

（3） 「日本盤ポップス・イン・メモリー」はＮＨＫ－ＦＭ番組「軽音楽をあなたに」の特集として一九八三年八月に二十回

連続で放送された。一九八四年一月に再放送され、筆者はその再放送をFMファン誌で知ったのだが、当時筆者はまだ小学生。どうも中学生になってから姉の部屋に転がっていたFMファン誌のバックナンバーを見て放送を知ったようだ。

（4）同書のどこかに骨董市でレコードを漁る筆者が写真に写り込んでいる。

（5）ここに列記した項目は、戦前から中古レコード店が買い取り時に評価額をはじき出すために用いた。また夜店や中古レコード店で目の肥えた客が品定めするときに注意した要項である。戦前の新聞でもしばしば「中古レコードの買い方・選び方」といった特集記事でこのようなチェックポイントが紹介されていた。

（6）逆に「時代相応」「それなりの状態です」といった、漠然とした状態表示には注意が必要である。

（7）国立国会図書館でのSPレコードの取り扱い方については「国立国会図書館の所蔵する音声・映像記録メディアの現状と利用環境などについて」（平成二十五年度音楽資料・情報社担当セミナー）を参照したほか、同館の音楽映像資料課よりご教示いただいた。

（8）オリジナルスリーブは国立国会図書館と同様、別個に保管している。ボン大学でのSPレコードの洗浄・保管方法については同大学の湯川史郎氏（日本・韓国研究専攻）からご教示いただいた。

（9）細かい表記揺れでは「ジャズソング」「ジャズ・ソング」のような記号のあるなしや、「フォックストロット」「フォツクストロツト」のような歴史的仮名遣いにするかしないかが挙げられる。「管絃樂」のように旧字をそのまま採用するか否かも悩ましい問題である。

（10）音源しか現存しない場合（主としてレコード会社が保管していた金属原盤由来の音源）はレーベル上の表記の代わりに、レコード会社から提供されたデータに基づいてジャンルやタイトルなどが記載される。

第二章　SPレコードの歴史

Ⅰ　レコードの世界史

「レコード」は「記録」という意味である。太古から文字や絵画、言語はさまざまな手段で記録されてきた。しかし音や声は発せられるそばから消え去るので人間の手では記録できない。幻のように形のない音響を記録したいという欲求が人類に芽生えたのは、ごく自然なことであったのかもしれない。

一八〇〇年代、音の記録法に関する学説や試みがいくつか現われたが、そのなかでもっとも有名なのがエドゥアール＝レオン・スコット・ド・マルタンヴィル（一八一七―七九）が考案した「フォノトグラフ Phonautograph」と、トーマス・アルヴァ・エジソン（一八四七―一九三一）が開発した「フォノグラフ Phonograph」である。一八五七年、レオン・スコットは人間の耳の構造にヒントを得て、紙に塗布した油煙墨に豚の毛で音声を波形として記録することに成功した【写真1】。この試みは再生を想定していなかったが、二〇〇八年、アメリカのローレンスバークレー研究所が、フォノトグラフに記録された音声（一八六〇年四月九日記録）を再生することに成功した。

エジソンがフォノグラフを開発したのは一八七七年のことである。フォノグラフは音声の記録と再生を目的として考案された。まったく同時期にフランスのシャルル・クロ（一八四二―八八）も同様のアイデアを考案してフランス科学アカデミーに提出したが、クロに先んじて録音再生装置として形にしたのはエジソンであった【写真2】。彼は新開発した機器について、次のような用途を提案した。

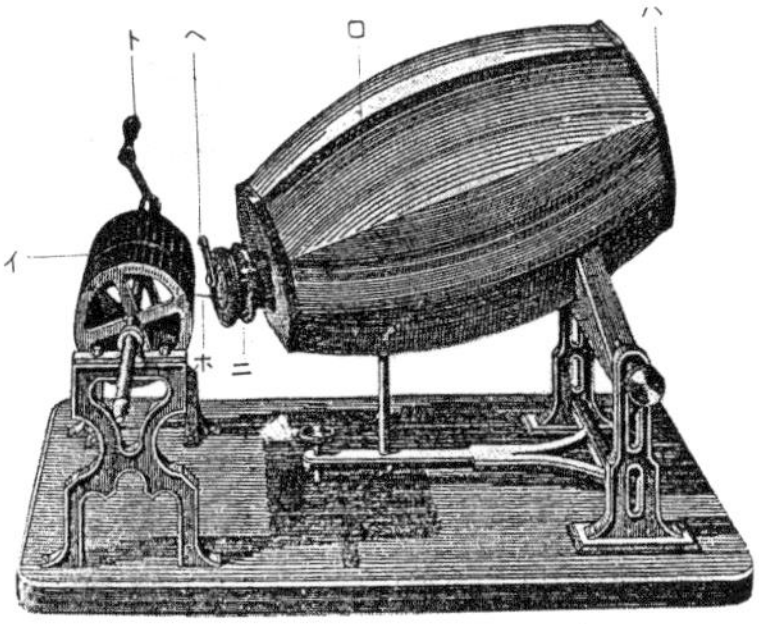

写真1 レオン・スコットのフォノトグラフ
（『レコード文化発達史』所載）

写真2 エジソンのフォノグラフ
（『レコード文化発達史』所載）

一、速記者の助けを借りずに手紙を書くこと。口述筆記。
二、視覚障害者のために書物を読み聞かせする用途。
三、演説や話し方の教授。
四、音楽。
五、ファミリーの記録。家族の声や諺、遺言を記録する。
六、オルゴール、玩具など。話したり歌ったり、笑ったり泣いたりするおしゃべり人形。
七、時間をアナウンスする時計。ランチの時間や恋人を家に送り届ける時間を告げる。
八、偉人の名言をはじめとする、さまざまな言語の保存。
九、教育目的に。生徒がいつでも好きなときに先生の教えを聞いたり、文字の綴りを学んだりすることができる。
十、電話の通話を記録する。

エジソンが想定したこれらの用途はハードとソフトの変遷を超えて、スマートフォンに受け継がれている。

エジソンのフォノグラフは手回しの録音・再生装置と、錫箔《すずはく》の記録媒体から成る。アレクサンダー・グラハム・ベルとチャールズ・サムナー・ティンターによる改良を経て、錫箔はワックス・シリンダー（蝋管）になっ

写真3 ベルリナーのグラモフォン
（『レコード文化発達史』所載）

た。これは錫箔への打刻から、ワックスへの切刻（カッティング）という転換であり、のちのちまで使用されることになるレコーディング方法の誕生であった。ワックス・シリンダーの大きな特徴は録音物の音溝を削れば新品のシリンダーとして再録音が可能な点にあった。ベル＝ティンターは自分たちの作った改良型を「グラフォフォン Graphophone」と名づけ、アメリカン・グラフォフォン社を設立した。この会社は一八九四年にコロムビア・フォノグラフ社に買収され、同社の下でグラフォフォンを製造販売するというややこしい状況を生み出した。一方、ベル＝ティンターの改良に刺激を受けたエジソンは一八九六年、ナショナル・フォノグラフ・カンパニーを設立してグラフォフォンの方式を採り入れた廉価な蓄音機を普及させたうえに、当初二分弱しか録音できなかったワックス・シリンダーを四分間管に改良した。そのエジソンシリンダーに初めて与えられたのが「レコード」という名である。世紀末のアメリカでは録音と再生をめぐって熾烈《しれつ》な特許合戦が繰り広げられ、その成果としてフォノグラフとグラフォフォンが欧米で広く普及したのであった。

一八八八年、エミール・ベルリナー（一八五一－一九二九）が試行錯誤の末にディスク（平円盤）式のレコードを開発した。ディスク式レコードは音質こそシリンダー式レコードに及ばなかったが、複製に向いていた。実はエジソンは録音・再生装置を当初、ディスク式で発案してスケッチも書いていた。しかし音質を重視してシリンダー式を採用したのだ。エジソンが捨てた要素を取り上げたのがベルリナーだったわけである。ベルリナーは自分が確立したディスク方式のレコードと蓄音機を「グラモフォン Gramophone」と命名した［写真3］。

ベルリナーのディスク式レコードと蓄音機はまずアメリカで二つの特許を取得したが、最初の商品化はドイツでおこなわれた。一八九〇年、玩具メーカーのカンマー&ラインハルト社で製造販売されたのである。そのころの蓄音機は演奏中ずっとクランクを回していなければならなかったのだが、アメリカでのベルリナーの協力者・エルドリッジ・R・ジョンソンが優秀なゼンマイ式蓄音機を開発して、ソフトとともにハード面でもディスク式レコードがシリンダー式を利便性の点で凌駕《りょうが》しはじめた。

一八九三年、ベルリナーとジョンソンはベルリナー・グラモフォン社を設立する。同社はレコードと蓄音機の製造をおこない、販売代理店のナショナル・グラモフォン社が巧みな宣伝で売りさばく。そしてユナイテッド・ステイツ・グラモフォン社がベルリナーの特許を管理した。この三社鼎立《ていりつ》による蜜月時代は長く続くかに思われたが、予期せぬ方面から刺客が放たれた。一八九八年十月、アメリカン・グラフォフォン社の代理人がナショナル・グラモフォン社を相手取って、ベルリナーのディスク式レコードにはベル＝ティンターの「浮き針」方式が勝手に使用されていると訴えたのである。[1] 差し当たってベルリナー側には仮処分としてディスク式レコードと蓄音機の製造販売禁止命令が下された。この訴えに対してもちろんナショナル・グラモフォン社はすぐに控訴した。控訴はしたがベルリナーの名義で販路を拡大しながらちゃっかり増資して株式会社となり、ある日を境に突然ユナイテッド・ステイツ・グラモフォン社から委託されていた販売業務を停止したのである。代わってナショナル・グラモフォン株式会社は新たな自社ブランド「ゾノフォンZonophone」を大きく売り出した［写真4］。それと同時に裁判でもベルリナーを裏切ってコロムビア・グラフォフォン社に有利な証言をし、訴訟相手と和解してベル＝ティンターの特許とベルリナーの特許の双方を手にした。この造反

写真4 ゾノフォン（1904年）南米プレスはスペイン語表記

によって一九〇〇年六月、ユナイテッド・ステイツ・グラモフォン社の活動は封じ込まれた。

失意のベルリナーから特許を譲り受けたジョンソンはすばやくその年の秋にコンソリデーテッド・トーキングマシン社を設立し、グラモフォン・レコードと蓄音機の製造販売を継続した。ナショナル・グラモフォン株式会社は追い打ちをかけるように今度はジョンソンの会社にディスク式レコードと蓄音機の製造禁止および「グラモフォン」という名称の独占を禁じる仮処分を裁判で求めた。つまりグラモフォンという言葉はすべてのディスク式レコードに当てはまる集合名詞であってある固有の商品を指す言葉ではない、というのである。この言い分はさすがに通らなかったが、その代り「グラモフォン」という語をアメリカ国内で商標として用いることが禁じられた。ジョンソンはグラモフォンの名称をあっさり捨てて、一九〇一年にビクター・トーキングマシン社を設立した。

このような経緯があってベルリナーは一八九八年、海を渡った英国でグラモフォン社を創立した。英グラモフォン社は工場をドイツのハノーヴァーに置き、すべてのレコードをハノーヴァーでプレスした。同年ベルリンにドイツ・グラモフォン社が作られ、ロシア、オーストリアにも支社が設けられた。翌年にはフランス・グラモフォン社も設立された。これらヨーロッパに展開したグラモフォン社は、トレードマークとして羽ペンでレコードに音を刻む天使（エンゼル・マーク）の商標を用いた。

世界でもっとも有名な商標のひとつ「ヒズ・マスターズ・ヴォイス His Master's Voice」が生まれたのもこのころのことである。画家フランシス・バロウドが飼い犬のニッパーをモデルに描いた原画にはもともとエジソンのフォノグラフ機が描かれていた。友人のすすめで現代的な雰囲気を漂わせる金属ホーンのグラモフォン機に描き替えたバロウドは、この原画を英グラモフォン社に売り込んだ。ところがグラモフォン社ではすでにエンゼル・マークを採用しており、ヒズ・マスターズ・ヴォイスの商標がグラモフォン社の盤面を飾るには一九〇九年まで待たねばならなかった。もっとも早くこの商標の真の価値に気づいたのはまたしてもベルリナーであった。彼はロンドンでこの絵に魅了され、一九〇〇年七月にアメリカでの商標権を獲得した。そして同年中にジョンソンのビクター・レコードに採用したのであった［写真5］。

ベルリナーの指示によってアメリカから英国に渡ったウィリアム・バリー・オーウェンは英グラモフォン社を創立した当初、レコード産業がそう長くは続かないだろうと見込んでいた。そこでいつレコード事業が不調に傾いてもいいようにタイプライター事業にも手を出した。グラモフォン社は一九〇〇年十二月、グラモフォン・アンド・タイプライター社に社名変更した。しかしオーウェンの予想に反してレコード事業は右肩上がりに繁盛し、タイプライターは年々お荷物になっていった。一九〇四年、タイプライター事業から撤退してもとのグラモフォン社に戻り、オーウェンはその責任を負ってグラモフォン社を去った。この期間に製造されたレコードを特にG&Tと呼ぶ［写真6］。

写真6 G&T（1902年）

写真5 米ビクター（1902年）

ディスク式レコードが普及した理由

一九〇〇年代に入って数年の間に、ディスク式レコードとその蓄音機はシリンダー式と拮抗する存在となった。たとえばシリンダー式レコードの大手だったフランスのパテ社は一九〇五年からシリンダーと並行してディスク式レコードを作りはじめ、一九一一年にはシリンダー生産を停止した。一九〇四年からディスク式レコードに参入していたアメリカのコロムビア・グラフォフォンも一九一二年にシリンダーの生産を止めた。エジソンは一九一二年に合成樹脂を用いた高音質のアンベロール管（普及版のブルー・アンベロールと高級なパープル・アンベロールがあった）を発売したが、その翌年ついにディスク式レコードに参入した。こうして一九一〇年代にはディスク式が立場を逆転してレコード方式の主流となった。その理由のひとつとして、グラモフォン社がシリンダー式に劣る音質でありながらすぐれた音楽レコードをつくる術に長けていたことが挙げられる。エジソンは自分の開発したレコードを商業音楽に用いることには消極的だった。アルバート・スポールディング（ヴァイオリン）やフリーダ・ヘンペル（ソプラノ）のような有名な音楽家もアンベロール管に録音したがそれは膨大なシリンダーのごく一部に過ぎなかった。一方、ベルリナーのディスク式レコードにはエンリコ・カルーソー（テナー）やネリー・メルバ（ソプラノ）、フリッツ・クライスラー（ヴァイオリン）などエジソン社と比較にならないほど多くのすぐれた音楽家が録音したのである。カタログの魅力の差は歴然としていた。その代わり、シリンダー式レコードは事務用口述レコーダーという実用的な商品で独自の成長を遂げた。ディスク式とシリンダー式は各々の長所を活かして棲み分けを図ったといってよいだろう。エディフォンやディクタフォンは簡易に録音でき、シリンダーの表面を削って何度も再録音できるという利点から、ワイヤー式レコーダーやテープ式レコーダーが登場する一九四〇年代までオフィスで重宝されたのであった。

ディスク式レコード普及の理由としてさらに挙げられるのは、その形状に起因するメリットである。プレスすれば何百枚何千枚でも大量生産でき、再生にも手間がかからず、積み重ねて保管できる点がシリンダー式よりも広く支持された。もうひとつディスク式レコードがシェアを獲得した理由を挙げるとすれば、それは巧みな販売戦略にある。グラモフォン社はアメリカ、ヨーロッパだけでなくそのほかの国々へも販路を拡大するビジネス戦略を採っていた。もちろんエジソン社やコロムビア・グラフォフォン社といったシリンダー式レコードの大手レーベルも世界各地への輸出に余念がなかったが、グラモフォン社が重点を置いたのは現地との結びつきであった。グラモフォン社は北欧、ロシア、アジア諸国など世界各地へ録音クルーを送り、現地の音楽や芸能をレコード原盤に刻む「出張録音」をおこなった。そうして集めた原盤をドイツのハノーヴァー工場でプレスし、出張録音をおこなった国々へ輸出した。ディスク式レコードを再生するにはシリンダー式とは構造の異なる蓄音機も必要となる。レコードと蓄音機の販路を広げるため出張録音をおこなった国々に代理店や支社を設けたので、グラモフォン社はまたたく間に多国籍企業として業界をリードすることができたのである。アメリカでベルリナーを窮地に陥らせたゾノフォンもヨーロッパでは分が悪く、グラモフォン社に買収されて廉価レーベルの扱いを受けた。ただ、ゾノフォンから分かれたインターナショナル・トーキングマシン社は一九〇四年にドイツでオデオンレコードを発売し、その成功によってグラモフォン社と肩を並べるまでになった。

電気録音への移行

エジソンによるフォノグラフ開発以来、レコード録音はホーン（集音ラッパ）に音声を吹き込み、その音響を振動に変えて音溝に刻み込む「アコースティック録音 acoustic recording」でおこなわれてきた。一八八七年から一九二〇年代までアコースティック録音は原始的とはいいながらそれなりの発展を遂げ、一九二〇年代前半には標準編成に近いオーケストラによる交響曲のシリーズ録音がおこなわれるまでになっていた。

一九二五年、レコードの録音方式に大きな変換点が訪れる。マイクロフォンと真空管による増幅装置（アンプリファイア）を用いた「電気録音 electrical recording」である。電気録音への取り組みは一九一九年からおこなわれていたが、その足取りは平坦ではなかった。一九二〇年にコロムビアの音響技術者ライオネル・ゲストとホレース・O・メリマンが電気録音レコードを試作した［写真7］。第一次世界大戦の終戦記念日十一月十一日にウエストミンスター寺院でおこなわれた無名戦士の葬儀が試験録音の場に選ばれた。だが電話線で中継した讃美歌のコーラス「日暮れて四方は暗く Abide with me」は微弱な音と不明瞭な音像で記録されたに過ぎなかった。しかしこの試みは無駄ではなかった。電話など通信機器の研究機関であるベル研究所（アメリカ）がさらなる科学的なアプローチによって電気録音を完成させた。真空管のアンプリファイアで音響を増幅する技術やマイクロフォンの開発技術が結びついて、一九二五年の電気録音を生み出したのである。同時にベル研究所は電気録音レコードのために、音響学的な理論によるエクスポネンシャル・ホーンを開発した。ビクターの「クレデンザ」やHMVのフロアタイプがこのホーンを採用し、アコースティック録音時代には考えられなかった豊穣で立体的なサウンドを実現させた。初期の電気録音レコードは音量が充分ではなかったが、その弱点はエクスポネンシャル・ホーンが増幅する豊かな音量によって克服された。サウンドボックスの振動板も従来のマイカ一枚からジュラルミンをプレス成形した複雑な機構となり、音の分離と明瞭度を飛躍的に上げた。一方で一九二六年にブランズウィックが電気蓄音機「パナトロープ」を発売すると、ビクターも「エレクトロラ」で対抗して、一九三〇年代の欧米では電気蓄音機が徐々に普及しはじめた［写真8］。

写真7 電気録音の実験レコード（1920年）

写真8 エレクトロラ RE-45（ビクター・レコード総目録 1930年）

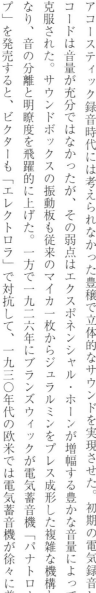

この新しい録音システムはコロムビア、ビクターを皮切りに従来のアコースティック録音に置き換わって採用された。多くの場合、レーベルには電気録音である旨が明記されたが、レコード会社によっては録音方式の転換によって旧方式のレコードが売れなくなるのを防ぐため、あえて明示しなかった例もある。

一九二九年十月に起きた世界大恐慌によって世界のレコード会社のパワーバランスは大きく変化していった。ここで二十世紀前半、レコード産業が盛んだったいくつかの国の動向を見てみよう。

アメリカのレーベルは大恐慌の影響をもろにかぶった。エジソンは一九二九年八月、それまで固執していた縦振動式レコード（後述）を捨てて横振動式レコードに移行したものの、十月にレコード事業から撤退した。ブランズウィックも同じ年に倒産し一九三〇年に映画会社ワーナー・ブラザーズに身売りした。その後、一九三一年にARC（American Record Corporation）の一レーベルとなった。[2]

アメリカ・コロムビア（以下、米コロムビア）は一九二五年以降、英コロムビアの子会社だった。ベル研究所が電気録音を完成させると英コロムビアはその技術を熱望した。しかしベル研究所はアメリカ国内のレーベルとしか契約しない。そこでもともと子会社だった英コロムビアが本家の米コロムビアを買収し、首尾よく電気録音のパテントを手に入れたのである。その米コロムビアは経営陣に翻弄された。一九三一年にグリグスビー・グルナウ社に売却され、一九三三年にはサクロ・エンタープライズ社の傘下となる。その翌年にはARCに買収されたものの、一九三八年、もともと米コロムビアの子会社だったラジオ局CBS（Columbia Broadcasting System）がARCもろとも買い取った。このとき商標もツイン・ノーツとCBSのマイクをつないだ意匠（一九三九～五八年にかけて使用）となった［写真9］。アメリ

写真9 CBSコロムビア時代

写真10　左からスクロールレーベル（1929年）とRCAビクターのサーキュラーレーベル（1938年）

カ・ビクター（以下、米ビクター）は一九二六年からセリグマン&スパイヤー銀行の管理下に置かれていたが、一九二九年三月に全国的ラジオ網のＲＣＡ（Radio Corporation of America）に売却され、商標もＲＣＡビクターとなった。レーベル意匠のうえでは一九二六～三七年までスクロール・レーベルを採用し、その後シンプルなサーキュラー・レーベルに移行した［写真10］。

一九三〇年代のアメリカは、自動車にラジオを組み込む「オートラジオ」が流《は》行《や》るほどラジオ放送が活況で、レコードは売れ行き不振に陥っていた。その表れがラジオ放送網によるレコード会社買収といえよう。[3] レコード産業の低迷を打破したのは大胆な値下げであった。一九四〇年、コロムビアが12インチレコードを一枚二ドルから一ドルに値下げすると顧客が殺到し、ビクターもその動きに引きずられて一枚二ドルの赤盤を一ドルに値下げした。両社とも通俗なレコードはさらに安く五十セント、七十五セントに値下げされた。値下げの効果は絶大で、一九三八年度に三千三百万枚だったアメリカのレコード総売上が一九四一年度には一億二千七百万枚になった。その矢先、太平洋戦争が勃発した。東南アジアからのレコード資材が激減したためレコード用シェラックの七〇％がカットされ、軍事用に回された。

そのうえ一九四二年七月三十一日、アメリカ音楽家連合（ＡＦＭ＝American Federation of Musicians）が録音ストライキを開始した。唐突な話ではない。一九三〇～四〇年代のアメリカはジュークボックスがダンス楽団やサロン楽団を駆逐し、ラジオ放送でも生演奏ではなくレコードが用いられたことで、数知れない音楽家が職を失った。ＡＦＭは失業音楽家救済のためにレコードの収益からロイヤリティーを支払うことを要求したが、レコード会社はこれを拒否した。その結果、AFMに加入しているすべての音楽家がレコード録音をストップしたのである。[4] レコード会社はしばらくは録音ストックでしのいだものの、いつまでも録音の在庫が続くものではなかった。一九四三年にデッカがAFMと交渉のテーブルにつき、コロムビアとビクターもAFMの要求に妥協して、一九四四年十一月十一日にストライキが解かれた。二年間のブランクはあったが、この事件はアメリカのレコード産業を以前にもまして強大なものにした。この年、コロムビアでは新しいプロジェクトが開始された。その成果は一九四八年六月に発表される。33⅓回転の長時間盤＝LPレコードである。

英国では一九三一年三月、グラモフォン社（HMV）とコロムビアが合併してEMI（エレクトリック&ミュージック・インダストリー）が誕生した。世界的な録音・配給網を有していたカール・リンドシュトレーム系列（オデオン、パーロフォン、ベカなど）は一九二六年に、続いてフランスの最大手パテ兄弟社も一九二八年に英コロムビアに買収されていたから、この二大レーベルの合併によって世界中のレコードがEMIに集中することとなった。天下の二大レーベルが合併してプレスもHMVのヘイエス工場に集約されたわけだがレーベル上では変化はなく、HMV、コロムビア、パーロフォン、リーガルなどが別々にレコードを製作し続けた。

写真11 英デッカ（1942年）

この一大コンツェルンにあとから加入したレーベルに、一九二九年に設立された英デッカがあった【写真11】。デッカはもともと蓄音機メーカーであった。レコード産業に進出してからドイツ・グラモフォン社および米ブランズウィック社と原盤提携を結んで英国で発売したことで大きく勢力を伸ばしてEMIと対峙していたのだが、一九三五年にこのコンツェルンに加わったのである。第二次大戦中、デッカ

写真12 左からロシアのアムールレコード、パテ、ホモコード

社は英空軍沿岸警備隊の依頼で敵の潜水艦を検知するための全周波数録音技術＝ｆｆｒｒ（full frequency range recording）を開発した。この技術は一九四四年から民生用レコードに応用され、ヨーロッパの戦争終了後にレコード産業の振興をうながした。ｆｆｒｒのレコードの実力をフルに発揮するには軽い針圧のカートリッジを持った電気蓄音機が必要だったのである。かたや、英国は一九三一年に発表されたモデルのアコースティック式ポーダブル蓄音機（ＨＭＶ モデル１０２）を一九五八年まで生産した国でもあった。

　ロシアはもっとも早くグラモフォン社の支店が作られた国のひとつである。帝政ロシア時代にはグラモフォン社のアムールレコードを筆頭に、ゾノフォン、オデオン、パーロフォン、ベカ、ホモコード、パテなどヨーロッパのレーベルが軒並み進出して活況を呈していた［写真12］。ロシア革命によってこれらの企業は一掃され、全ロシア中央執行委員会によって一九一八年十一月、出版部門のなかにソビエトレコードが作られた。ソビエトレコードは革命前のメトロポールレコードが残した設備を用いてレーニンはじめ政府要人四十名あまりの演説を次々にレコード化し、一九二二年二月に解散した。その後、旧パテ、旧メトロポール、旧グラモフォンの整理がおこなわれレコード産業は国営化した。アコースティック録音から電気録音への移行は意外に早く、一九二六年のことである。ソビエトは一九二九年以降も世界大恐慌の影響を受けず、ムスプレド（一九二三〜二八年）、その後継レーベルのムストラスト（一九二八〜三三年）といったレーベル変遷を経ながら営々と旧譜の再プレス盤や新録音を送り出した［写真13］。ソビエト時代はアメリカ文化を象徴するジャズなどは禁止されていたように思われがちだが、同時代のアメリカの人気ナンバーが国内でレコード化されているし、一九三七年には国営のジャズバンドまで作られている。一九三〇年代にモスクワのアプレレフカ、ノギンスク、ウズベキスタンのタシュケント、ラトビアのリガなどに大規模なプレス工場が順次設けられ、大量生産体制が整えられた。レーベルにはブランド名ではなく工場名が大きく示されている。外貨獲得のため輸出事業もおこなっており、Mezhdunarodnaya Kniga（国際出版貿易）の輸出盤は通称ＭＫ盤として親しまれた。第二次世界大戦終結後、冷戦時代に突入してジャズは禁忌となる。近年評判となった「肋骨レコード」も冷戦の賜物だ。国営レコード企業は一九六四年にメロディア・シリーズを開始し、ビニールプレスの78回転盤と並行する形でＬＰレコードの時代を迎えた［写真14］。

写真13 ムスプレドがプレスしたレーニンの演説レコード

写真14 輸出向け USSR 盤（アプレレフカ工場製）1948 年

ドイツは第一次世界大戦前にはヨーロッパでも随一のレコード王国であった。大別すると一九〇〇年創業のドイツ・グラモフォン社（以下、独グラモフォン）と、カール・リンドシュトレーム（一八九三年創業）系列のレーベルが二大勢力として競い合っていた。カール・リンドシュトレーム社はもともと蓄音機メーカーだったが一九一〇年にレコード業界に参入し、オデオン、パーロフォン、ベカ、ファボリテ、アンカー、ホモコード、ライロホンなど既存のレーベルを次々に傘下に収めていたのである。ドイツはレコードの輸出も盛んで、華美なデザインに英語で印刷した廉価盤が全ヨーロッパを席巻した［写真15］。

第一次世界大戦中の一九一七年、グラモフォン社のドイツ支社であった独グラモフォン社は敵性資産として接収されたのち、ポリフォン社の資本下に入った。英国グラモフォン社とは縁が切れて別会社となったのだが、犬と蓄音機の商標は国内で引き続き使用された【写真16】。大戦中に外貨獲得のためレコードの輸出をはじめるものの流石にヒズ・マスターズ・ヴォイスの商標は使えない。そこで蓄音機のみを描いたレーベルを一時的に用いた【写真17】。一九二〇年、正式に輸出用ブランドのポリドールを創設し、独グラモフォンはドイツ以外の国ではポリドールとして知られることとなる【写真18】。

大戦後に現われたレーベルのうち、一九二一年に設立されたフォックス（ＶＯＸ）はデザイナーのウィルヘルム・デフケがデザインしたアールデコの商標が新時代を感じさせた。このレーベルは電気録音への転換に成功して一九二九年まで存続した【写真19】。一九二五年に電気録音が開発されたとき、ドイツ国内の支社を失っていた英グラモフォン社は新しくベルリンにエレクトラ社を新設した。しかし犬と蓄音機の商標はすでにドイツ・グラモフォン社が使用しているので、やむなく唐草模様でレーベルを覆った【写真20】。電気録音後に設立されたレーベルでユニークなのは一九二六年に設立されたトリ－エルゴン（Tri-Ergon-Musik AG）である。このレーベルはドイツ映画のトーキー・システムの主流であったトリ－エルゴン（トビス－クラングフィルムの名でウーファ映画に長年使われた）の系列会社で、フィルムトーキーの技術を応用した光学録音が特徴である。その証としてレーベルにはPHOTO-ELECTRO-RECORDと表記された【写真21】。

一九二九年、ヘルベルト・グレンツェバッハが開発した高音質のレコード録音技術にオランダのキュッヘンマイスター社が注目して資金援助し、ウルトラフォン社が設立された(5)【写真22】。ウルトラフォンは８２４４面の録音をおこなったところで経済的危機に陥り、一九三二年に音響機器メーカーのテレフンケン・シャルプラッテン社に買収された【写真23】。テレフンケン・シャルプラッテン社はＡＥＧ（電機メーカー）とジーメン

写真15 ドイツの主要レーベル。左からオデオン、パーロフォン、ホモコード

写真16 独グラモフォン（1932年）

写真17 犬のいない輸出用意匠

写真18 ポリドール1921年

写真19 フォックス（1921年）

写真20 HMVのドイツ支社エレクトロラ

写真21 トリ-エルゴン（1930年）

写真22 仏ウルトラフォン（1935年）

写真23 テレフンケン（1930年録音／1932年製造）

ス&ハルスケ社（電気工学会社）の合弁会社だったが第二次大戦下の一九四一年、ジーメンス&ハルスケ社が経営から脱退してドイツ・グラモフォン社の経営に鞍替えした。一九四三年、ドイツ・グラモフォンのレーベルから犬と蓄音機の伝統あるトレードマークが姿を消し、商標はポリドールに統一された。同社のレコードにはエルンスト・フォン・ジーメンスの電機音響研究所が開発したシルヴァー・プロセスによる「ジーメンス・スペツィアル SIEMENS－SPEZIAL」が実装され、レーベルにはその録音システムの名が商標よりも大きく表示された。[6] 帝国放送協会（RRG＝Reichs－Rundfunk－Gesellschaft）は一九三〇年代半ばから酸化鉄の磁気テープによるマグネトフォン（Magnetfon）を放送に使用しており、戦時下にその性能を飛躍的に向上させた。ごくわずかながらステレオ録音も残されている。マグネトフォンの存在は終戦後の連合国に大きな衝撃を与え、民生用のテープの開発、ひいてはテープによるレコード録音とステレオ録音技術の開拓へとつながった。

戦争によってドイツのレコード産業は特に空襲で大きな打撃を受けた。戦争終結後も、レコード会社の疎開先での原盤焼失や戦勝国による没収があり、現在の研究者は限られた記録でレーベルの業績をたどるしかない。特にテレフンケンはハンブルクの倉庫に保管していた金属原盤が一九四六年のエルベ川大洪水によってすべて流出してしまうという不運に見舞われた。ドイツのレコード界はそれでも過去の商品から金属原盤を作成し、ふたたびレコード製作をはじめ、甦った。戦時下に培ったテープ開発やステレオ、VG盤（後述）はドイツに留まらず世界規模でレコード技術の進歩に大きく寄与したのである。

ほかの国についても少しだけ触れよう。フランスはシリンダー式レコード時代から大きなシェアを誇ったパテ兄弟社がディスク式レコードに参入して以降も大きな勢力を保った［写真24］。一八九九年に設置されたコンパニ・フランセーズ・デュ・グラモフォン社（仏グラモフォン）と一九二〇年代まで覇を競ったが、一九二八

写真24 仏パテ（1949年）

写真25 仏グラモフォン（1930）

写真26 モレスキのバチカン録音（1904年）

年、英コロムビアに買収された［写真25］。一九三四年にはパテ＝マルコーニ社となり、一九三六年、仏グラモフォン、仏コロムビアと合併してＩＭＥパテ・マルコーニ社になった。国内レーベルとしては一九二三年に楽譜出版社が発行したサラベール、一九三二年にオアゾリール、一九三四年にバム（La Boîte à Musique）が設立されてそれぞれ古典音楽や現代音楽の分野を開拓した。このほかドイツから進出したオデオン、ポリドール、ウルトラフォンも音楽的に意義深い録音をフランスで数多く残している。

イタリアで英グラモフォン社が初めて出張録音をおこなったのは一八九八年のことであった。録音エンジニアのフレッド・ガイスバーグ（一八七三－一九五一）が一九〇二年にミラノでおこなったエンリコ・カルーソーの録音についてのエピソードは、レコード史のなかでしばしば語られる。それからバチカンで一九〇二年と〇四年におこなったシスティーナ礼拝堂聖歌隊と最後のカストラートとして知られるアレッサンドロ・モレスキの録音も貴重な音楽遺産だ［写真26］。一九〇四年、イタリア・フォノティピア匿名組合がラ・ヴォーチェ・デル・パドローネ（ヒズ・マスターズ・ヴォイスのイタリア語）の名でイタリア・グラモフォン（以下、伊グラモフォン）盤を製作販売しはじめた。それと同時に非常に芸術性の高いレーベル、フォノティピアを発足させた［写真27］。フォノティピアは独オデオンと提携しており、一九〇八年には米コロムビアとも原盤提携している。

一九二八年、ソシエテ・ナツィオナーレ・デル・グラモフォノがイタリア・コロムビアを設置し、一九三一年に伊グラモフォンと合併した。これら主要レーベルのほかに、フォノティピアに似たレーベルカラーで声楽の優れたレコードを製作したフォノタイプ、一九一一年に設立されたフォニット、一九四〇年に設立されたチェトラが重要な存在である【写真28】。フォニットは一九五七年にチェトラと合併し、フォニット・チェトラ社となった。

写真27 フォノティピア（1911年）

写真28 チェトラ（1941年）

Ⅱ　レコードの日本史

フォノグラフの渡来

日本に蓄音機がもたらされたのは、エジソンがフォノグラフを開発した一年後の一八七八（明治十一）年十一月十六日のことであった。ジェームス・アルフレッド・ユーイングが東京帝国大学理学部でおこなったフォノグラフの実演がそれで、現在ではこの日が「録音文化の日」となっている。ユーイングはエジンバラでフォノグラフ発明の新聞報道に接し、記事をもとに製作させたフォノグラフを持って東京帝国大学に赴任したのであった。それ以前にアメリカ以外でフォノグラフの実演がおこなわれたのはイギリスの王室科学協会（同年二月）のみであったから、ユーイングの実験はきわめて早い時期におこなわれたわけである。ユーイングのもたらした複製フォノグラフ「蘇言機」は現在、国立科学博物館で常設展示されており、二〇二一（令和三）年に日本音響学会によって音響遺産に指定された。ユーイングの実験は東京商工会議所などでもおこなわれて注目を浴びた。東京日日新聞社主の福地桜痴が「こんな機械ができては新聞屋が困る」とフォノグラフに吹き込んだエピソードが知られている。しかしフォノグラフの起こした小ブームはここでいったん終息してしまった。

一八八九（明治二十二）年一月、グラフォフォン（アメリカン・グラフォフォン社＝後のコロムビア）とフォノグラフ（エジソン社）が相次いでアメリカから渡来した。フォノグラフを販売するエジソン社と米グラフォフォン社は本国で熾烈な競合関係にあり、日本での販路開拓で互いに先を越そうと躍起になっていたのである。エジソン社はいち早く横浜の輸入商セール・フレーザー商会を代理店にしてフォノグラフを販売した。他方米グラフォフォン社は、アメリカの日本公使・陸奥宗光の吹き込んだシリンダーをもたらしたりグラフォフォンの優位性を示す記事を官報が報じたことに表れているように、官界や上流階級に販路を広げた。(7) 二月におこなわれた明治憲法発布を尻目に、この新しいメディアは日本社会で注目の的となったのであった。グラフォフォンとフォノグラフは明治二十〜三十年代にかけて日本各地に急速に広まった。ことに盛り場では一台の蓄音機で十数人に音を聴かせる興行が跋扈《ばっこ》した。

その代表格は一八九九（明治三十二）年に松本武一郎が創立した日本初の蓄音機専門店、三光堂である。(8) 三光堂は海外の蝋管よりも国内録音の端唄や都々逸などの蝋管が客を集めるところに注目し、数多くの演目のシリンダーを取り揃えて、一本五銭で客に聴かせるフォノグラフ興行を浅草ではじめた。澁澤家、大倉家、鴻池家といった名家の顧客は歌舞伎名優や浄瑠璃の太夫の名人芸を所望したので特注のシリンダー録音がおこなわれた。しかし一般客にとって蝋管を誰が吹き込んだかは二の次であった。耳に挿したゴム管から都々逸や義太夫が聞こえてくる驚異で充分だったのである。現在でも時計・貴金属店として有名な銀座・天賞堂ではグラフォフォンの輸入販売をおこなっていた。こうして欧米に追随するかたちで、日本ではまずシリンダー式蓄音機とレコードが普及した。

出張録音

ディスク式レコードも欧米のレコード会社の販路開拓によってもたらされた。一九〇三（明治三十六）年一月、英グラモフォン・アンド・タイプライター（G&T）社の録音技師フレッド・ガイスバーグ一行が来日し、三月に離日するまで東京や大阪で出張録音をおこなった。ガイスバーグ一行が録音した二百七十三種の原盤はドイツのハノーヴァーでプレスされ、神戸のカメロン商会を代理店として輸入販売された（のち三光堂が一手代理店となる）［写真29］。

写真30 天賞堂ころんびや（個人蔵）

写真29 G&Tの出張録音盤（個人蔵）

同年春、天賞堂が代理店となって米コロムビアが出張録音をおこなった。天賞堂は一九〇六（明治三十九）年にもコロムビアの出張録音をおこなっている。天賞堂扱いのコロムビア盤は、二回の来日を通じて少なくとも千種は製作された［写真30］。

米コロムビアが天賞堂プロデュースで出張録音した翌年の一九〇四（明治三十七）年、こんどは三光堂がプロデュースして米コロムビアの出張録音をおこなった。三光堂コロムビアは五百種ほどであるが、義太夫の名人である摂津大掾《せっつだいじょう》が限定頒布を条件に録音した義太夫『二十四孝〜十種香の段』（片面六枚組）という大きな遺産を残している。またアメリカ人カニングハムによる『英語会話独習』（両面十四枚組）は日本の語学教育に道を拓いた記念すべきセットであった。カニングハムの英語会話独習はシリンダーのセット（三十本）も三光堂で販売されていた。三光堂は輸入する英グラモフォン盤や米コロムビア盤を「平圓盤」と呼び、天賞堂は「寫聲機《しゃせいき》平圓盤」と唱えて互いに違いを主張した［写真31］。

英G&Tと米コロムビアをきっかけとして、一九〇六（明治三十九）年にドイツのベカが、一九〇七（明治四十）年からは数次にわたって米ビクターが出張録音をおこなった。米ビクターは初めのうちホーン商会が輸入販売していたが一九〇九（明治四十二）年からはセール・フレーザー商会が代理店となり、一九〇九年、一九一一（明治四十四）年、一九一六（大正五）年と出張録音を重ねた。このほかドイツのライロホン（一九〇九、一九一〇、一九一二年）、フランスのパテ（一九一〇年）も出張録音をおこなった［写真32］。

レコードの国産化

日本でもシリンダー式の蓄音機と円筒レコードの製造はおこなわれたものの小規模で、商業的に成立するまでには至らなかった。シリンダー式蓄音機そのものが興行での利用か上流階級の玩具に留まり、一般家庭にまで普及しなかったのだ。レコードの国産化は複製の容易なディスク式によって実現した。一九〇七（明治

写真32 ①ベカ　②米ビクター　③ライロホンの出張録音盤（いずれも個人蔵）　④仏パテの出張録音盤（提供：東京文化財研究所）

写真31 三光堂コロムビア

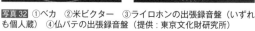

写真33 左からシンフォニー、ローヤル、アメリカン

四十）年、印刷局に務めながら録音再生装置の研究をおこなっていた湯地敬吾が国産ディスク式レコードの開発に成功した。湯地の技術を基として同年十月、蓄音機の輸入販売をおこなっていたホーン商会のF・W・ホーンが日米蓄音機製造株式会社と製品の販売会社である日米蓄音機商会（日米蓄。現・日本コロムビア株式会社）を設立し、一九〇九（明治四十二）年五月からレコードを発売した。同社のレーベルは価格によってシンフォニー（二円）、ローヤル（一円五十銭）、アメリカン（一円二十五銭）、グローブ（一円二十五銭）、ユニバーサル（一円）の五種が設けられた［写真33］。日米蓄は翌一九一〇（明治四十三）年に株式会社日本蓄音器商会となり、日米蓄のレーベルを継承した。株式会社日本蓄音器商会は一九一五（大正四）年、両面盤に移行し、商標をワシ印のニッポノホンに一本化した。ニッポノホンは並行して輸入される出張録音盤と競合しながら販路を拡大していった［写真34］。

写真34 ニッポノホン

初の国産レコードが世に出た二年後の一九一一（明治四十四）年、神戸の時枝商会がミカドレコードを発売した。猫がヴァイオリンを弾いている姿を商標にしたこの愉快なレーベルは11インチという半端なサイズ、堅実な録音技術と製盤技術から海外のメーカーの技術提供が囁かれる。片面のブランクに刻印された十文字の商標ロゴは米ゾノフォンの意匠を踏襲している。11インチというサイズ感もゾノフォンのヨーロッパ代理人をしていたプレスコットが創業に関

わったインターナショナル・トーキングマシン社（オデオン、フォノティピア）の採用したサイズ（10¾インチ）を彷彿とさせる。アメリカで訴訟合戦を展開し火花を散らして争ったビクターVSゾノフォンの図式が、海を越えて日本にも上陸していたのかもしれない。

湯地敬吾は血のにじむような努力を重ねて初の国産平円盤を開発したが、その一方で出張録音レコードから型（スタンパー）を取って無断でプレスする業者も現れた。複写盤という。複写盤は吹き込みアーティストとの交渉やレコード吹き込みにかかる手間が省け、型さえ取れば安価に製造できる。価格も本物の三分の一、甚だしい場合は十分の一という廉価で売りさばけるので、レコードに著作権が認められる以前は複写盤ビジネスが跋扈した。京都で設立されたラクダ印オリエント（東洋蓄音器商会）はその複写盤を専門とするレーベルだった。一九一二（大正元）年に東洋蓄音器株式会社が設立され、旧オリエントの原盤を引き継いで複写盤の製造を続けつつオリジナル録音も発売した。しかし業績不振で一九一六（大正五）年、東洋蓄音器合資会社（東洋蓄）に業務を引き継いだ。[9] 複写盤の販売によって資金を稼ぎながらレコード製作のノウハウを蓄積した一例である【写真35】。一九一二年には大阪で大阪蓄音器株式会社（大阪蓄）がシロクマ印のナショナルレコードを発売した。このレーベルもオリエント同様、複写盤を製造販売しながら自社オリジナル吹き込み盤を発売したことで共通している。レーベル意匠上、地球の上にシロクマがいるのがオリジナル録音、氷山の上にシロクマがいるのが複写盤とされている。売る側でも混乱したのか、氷山のシロクマの上にペンギンのシールを貼って複写盤の目印にしたレコードもよく見かける。一九一九（大正八）年、ナショナルレコードは東洋蓄音器合資会社に吸収合併された。同時にナショナル原盤も引き継がれ、改めてラクダ印のレーベルで発売された。そのころにはもう複写盤の力を借りずとも充実したカタログを組めた。

関西で次々に新レーベルが登場したのに対して関東も負けてはいない。

一九一二（大正元）年、日米蓄の要人・スタッフを引き抜いて横浜に日清蓄音器株式会社（日清蓄）が設立された。この会社はアイデアルレコードを発行し、短命ながら「天国と地獄－笑の唄」（清水金太郎　８０３）「同－別れの唄」（原のぶ子　８０４）という帝国劇場歌劇の貴重録音を残した。同年、帝国蓄音器商会（帝国蓄）がヒコーキ印とスピンクス印を発売しはじめた。帝国蓄もはじめは複写盤を製造販売していたが、のちに松村式吹込という独自技術を持つに至った。ちなみにこの帝国蓄は昭和期に奈良で創業した合資会社帝国蓄音器商会（テイチク）とは関連性がない【写真36】。

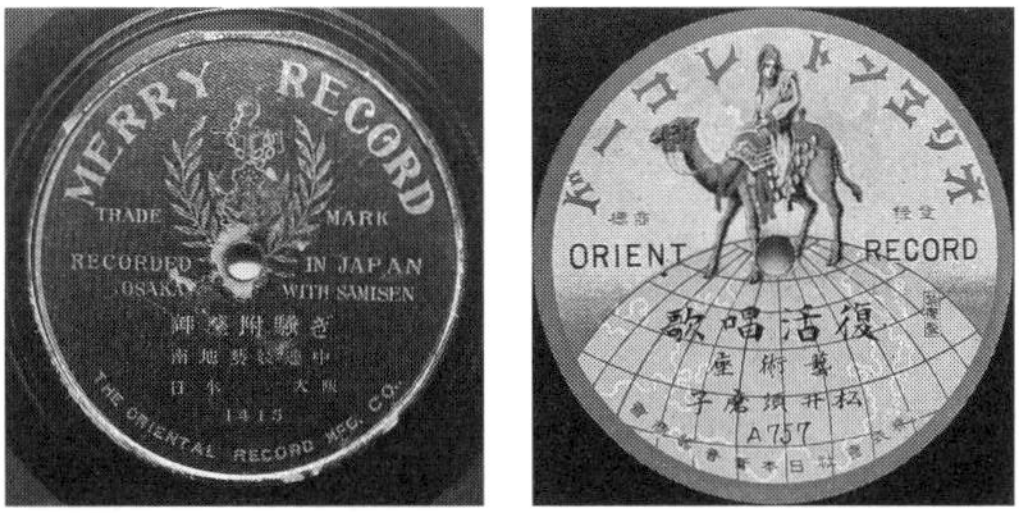

写真35 左から東洋蓄の複写盤メリー、ラクダ印オリエント（日本蓄音器商会）

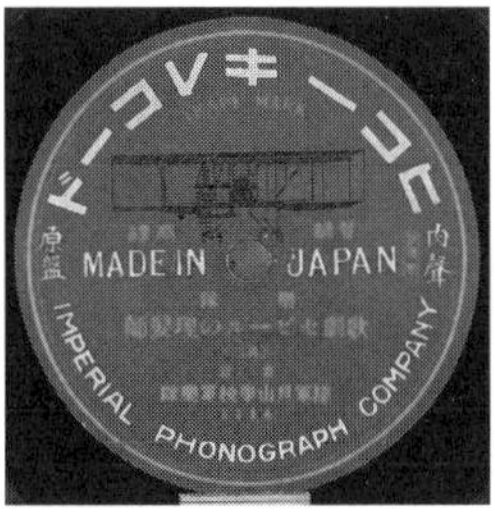

写真36 ヒコーキレコード

写真37 富士山印東京レコード

一九一三（大正二）年、富士山印東京レコードを発行する東京蓄音器株式会社（東蓄）が登場した。ニッポノホンで広告部長をしていた米山正とレーベル意匠やポスターなどをデザインしていた佐々紅華がブレインとなって国産資本で設立され、江戸時代の名残を感じさせる和風のレーベル意匠にふさわしい地元密着型の種目をカタログに揃えた。寄席演芸はもとより、帝国劇場の俳優を擁した録音、浅草オペラ歌手や関屋敏子、ハタノオーケストラをはじめとする洋楽録音、佐々紅華のお伽歌劇といった録音種目は大正期の東京の娯楽を如実に伝えてくれる【写真37】。

この年、映画とレコードを結びつけた企業が二社も現われたのは偶然だろうか。十月には八咫烏《やたがらす》をトレードマークとする彌満登《やまと》音影が設立された。この会社は仏ゴーモン社が実用化したサイレント映画とレコードのシンクロナイズ再生機「クロノフォン Chronophone」輸入と関連性を持っており、ディスク式トーキーの先駆を成していた。同一九一三年十二月には、エジソン社の映画・音声シンクロ再生機「キネトフォン Kinetophone」が盛大な前評判で輸入され、その興行のため日本キネトホン株式会社が設立された。帰山教正が述べるところでは音声パートはセルロイド製シリンダーを用いて八分間の再生が可能だった。帰山は独自に二本のシリンダーを連続演奏するシステムを作ったりなどしたようだが興行面でうまくいかず、まもなく消滅した。

一九一四（大正三）年には輸入蓄音機・レコードの老舗である三光堂がレコード事業に参入した。三光堂は独ライロホンが出張録音で来日した際にプロデュースをした縁からドイツのレコード製作技術を導入して、スタークトン、メノホン、クラウンをリリースした。レコード産業の狼煙は地方からもあがる。一九一七（大正六）年、島根県松江市の原田時計店がチドリレコードを発行しはじめた。このレーベルは地元の安来節など出雲民謡を専門とし、京都のオリエントで委託製作していた。同年、兵庫県三木市で日英楽社が設立され、英語による歌唱や語学レコードをメインに扱った。また正規のルートで海外のマイナーレーベルの金属原盤を輸入して製造販売した。

こうして国産レコード産業は軌道に乗りはじめたのだが、レーベルの淘汰も早々にはじまった。彌満登音影は人気浪曲師・吉田奈良丸の口演とレコードで興行をおこなったがあとが続かず、一年後に帝国活動写真株式会社に改称してレコード事業から撤退した。日清蓄は一九一六（大正五）年に帝国蓄に買収された。その帝国蓄は一九二一（大正十）年に日本蓄音器商会（日蓄）に買収された。日蓄は一九二三（大正十二）年に三光堂と東京蓄も手中に収め、一九二五（大正十五）年に帝国蓄、三光堂、東京蓄を併合した合同蓄音器株式会社（合

写真38 合同蓄の各レーベル　左からヒコーキ、ライオン、フジサン

写真39 ニットーレコード

同蓄）を発足させた。合同蓄となって以降もヒコーキ（旧帝国蓄）、ライオン（旧三光堂）、孔雀（同）、フジサン（旧東京蓄）の各ブランドは維持された［写真38］。

あわただしい動きのなかで関西では、京都のオリエント（東洋蓄）が一九一九（大正八）年にナショナル（大阪蓄）を買収し、同年のうちにオリエントもまたニッポノホン（日蓄）に買収されて日蓄京都工場となった。オリエントのレコード生産数は月に百万枚と謳《うた》われており、日本蓄音器商会が目をつけたのが東洋蓄の豊富な原盤だけでなく製造能力にもあったことが窺える。ともあれオリエントを制したことによって、関東・関西で日蓄一強の体制が整ったといえよう［写真39］。

一九二〇（大正九）年、大阪で国内資本の日東蓄音器株式会社が発足した。ツバメ印で親しまれたニットーレコードは義太夫や長唄を一段まるごとレコード化したり、邦人演奏家や来日音楽家を積極的に起用した洋楽レコード作りに取り組んだりと文化的水準の高いカタログ作りを目指し、業界最大手のニッポノホンと激しい競争を繰り広げた。軽く飛翔するツバメに続いて一九二一（大正十）年、大阪心斎橋北の蓄音機・レコード商、酒井公声堂が蝶印のバタフライを発行した。[10]

一九二二（大正十一）年、神戸ではハト印の東亜蓄音器株式会社がスタートして本居長世と本居み

写真40 ツルレコード

どり・貴美子姉妹の童謡、宮城道雄の箏曲、池尻景一が指揮する大阪音楽団、永野善三郎が指揮する天洋丸管絃楽団のダンスレコード……と魅力的なラインナップを繰り出した。総目録の「雑種」に分類されている函谷鉾囃子連中の祇園ばやしや琵琶劇、大山崎離宮八幡社家の雅楽、大阪神戸かるた大会優勝試合のスケッチなど地元色の強い曲種が特徴的である。一九二四（大正十三）年、兵庫県西宮市今津に内外蓄音器商会合資会社が設立された。貝印の内外もまた兵庫県の雄といえる個性的なレーベルで、一般的なジャンルのほかに映画浪花節、説教浄瑠璃といった個性的な企画を加えていた。童話笑談、童話劇、キネマ童話など児童教化に熱心に取り組んだ点も注目される。やがて太平レコードに事業を引き継ぎ日本六大レーベルにまで登りつめることになる。

新興レーベルの出現によって東西のパワーバランスが拮抗を見せるなか、一九二三（大正十二）年、名古屋で大和蓄音器商会が設立された。同社は少量のツル印レコードをリリースしたのち、一九二五（大正十四）年にアサヒ蓄音器商会に改組されてツルレコードを全国に売り出した［写真40］。ツルは東京と関西の中間点という地の利を活かして、地元のみならず東西各地の吹込者をスタジオに招いた。また販路の拡大にも強みを発揮した。こうして一九二〇年代には国内のレコード産業が整ったのであった。

大正期はこのように大小のレーベルが百花繚乱、集合離散をくりかえし再編された時代であった。その熾烈なレースから外れた独立独歩レーベルが見られるのも、大正期の魅力である。一九一六年ごろから東京日本橋の成毛商店が発行した「猫イラズレコード」は文字通り殺鼠《さっそ》薬の宣伝レコードで、帝蓄で委託製作されていた。レーベルに「猫より働く鼠《ねずみ》とり薬」とキャッチコピーが記されている。成毛商店は猫イラズのほかに白髪染め薬「わかやなぎ」も販売しており、その宣伝レコードも発行した。特約店に猫イラズの字を赤く大書したラッパの蓄音機を備えさせ、猫イラズレコードをかけたもののようで、今でいうメディアミックスである。個人商店や企業が宣伝レコードを作ることは昭和期にかけて多々あったが、猫イラズに特化して専用レーベルまで作ったのは、昭和期の「ハート美人レコード」（コンドームの販促レコード）と好一対だろう。(11)

外資系レーベルと国内レーベルの振興

国内レコード産業が大きな転換点を迎えたのは一九二〇年代半ばのことである。一九二三（大正十二）年九月一日に関東大震災が起こり、日蓄本社が全焼するなどレコード産業も痛手を受けた。第一次世界大戦後のインフレと大震災による経済的な打撃から一九二四（大正十三）年七月三十一日、「奢侈品ノ輸入税ニ関スル法律」（法律第二十四号『官報』第三千五百八十一号）が公布され、輸入蓄音機とその附属品（レコード）にも十割の関税がかかることとなった。輸入盤は値上げを余儀なくされ、レコードによって根づきはじめていた洋楽ブームに水を差した。加えて一九二五（大正十四）年三月一日からラジオ放送の試験放送が開始された。放送開始当初、ラジオはレコード産業の脅威となることが危惧された。

こうした苦難に続いて到来したのが、海外レーベルの流入である。一九二七（昭和二）年四月、日本ポリドール蓄音器商会が独グラモフォン原盤を国内プレスした日本ポリドール盤を発売した**［写真41ⓐ］**。同社は五月に株式会社日本ポリドール蓄音器商会となって洋楽レコードを続々と発売する。時を同じくして一九二七年五月には日蓄の持株の三五・七％が英コロムビア・グラフォフォン社に渡った。同年十月、さらに日蓄の株式の一一・七％が米コロムビア・フォノグラフ社に譲渡された。外資系となった日蓄は従来のニッポノホンレーベルを存続させたまま日本コロムビア蓄音器株式会社を新設し、一九二八（昭和三）年一月（新譜）より日本プレスのコロムビア盤を発売しはじめた［写真41ⓑ］。また同じ一九二七年九月には米ビクターの資本投下によって日本ビクター蓄音器株式会社が設立され、翌年二月から国内プレス盤を発売した［写真41ⓒ］。一九二九年、米ビクターがRCA傘下に入ったのを受けて日本ビクターもRCAビクターの支配下に入る。このとき住友合資会社と三菱が出資者に加わり、日本ビクターは日米合弁会社となった。

一九二九（昭和四）年四月にはイリス商会パルロフォン部がカール・リンドシュトレーム社との原盤契約により日本パルロフォン盤をリリースしはじめた［写真42］。イリス商会（現・株式会社イリス）はハンブルクに本社を置き、軍需品や産業機械設備の輸入を主な業務としていた。イリス商会の業務のひとつがレコード事業で、ヨーロッパ録音の原盤をカール・リンドシュトレーム社から取り寄せ国内製造（コロムビア川崎工場がプレスを請け負った）と販売をおこなった。このレーベルは商標表記が複数あり混乱するので説明しておきたい。

写真41 ⓐ日本ポリドール、ⓑ日本コロムビア、ⓒ日本ビクター

写真42 日本パーロホン

①パルロフォン　一九二九年四月〜一九三一年三月新譜
②パーロフォン　一九三一年四月〜同年五月新譜
③パーロホン　一九三一年六月新譜〜一九三三年六月新譜

月報での表記の推移は以上のようになっている【写真43】。しかし音楽雑誌に出稿する広告の表記ではこの表記の変更は厳格に守られず、そのため雑誌の編集は大混乱をきたした。たとえば『ディスク』誌一九三一年七月号では広告や複数の記事内でパルロフォン、パーロフォン、パルロホンの三種の表記が混在している。ちなみにレコードのレーベル上ではパルロフォンからパーロホン表記に移行するので、紙媒体での表記変遷とはまた異なるのがややこしいところ。

写真43（上から）パルロフォン、パーロフォン、パーロホンの変遷

イリス商会パーロホン部は一九三三年七月新譜を最後に営業を停止し、その原盤は日本コロムビアに継承された。[12] カール・リンドシュトレーム社は一九三一年にＥＭＩの傘下に入り、日本コロムビアに出資する英コロムビアと地続きとなっていた。この流れで日本コロムビアはカール・リンドシュトレーム社が保有するレーベルの内地発売権を獲得し、それにともなってイリス商会パーロホン部の原盤を買収したのである。原盤の一部は日本コロムビアのマークで製造販売された。旧イリス商会の原盤を使ったコロムビア盤は、パーロホンの商標の刻印(£)をⓁの刻印で上書きしているので見分けがつく。

写真44 日本オデオン

一九三〇（昭和五）年三月新譜からはおなじくカール・リンドシュトレーム社と契約を結んだ日本オデオン株式会社がオデオン盤を発売しはじめた［写真44］。製造はパーロホンと同様、日本コロムビア川崎工場でおこなわれた。このレーベルは大阪に本社を置き、大量の洋楽レコードを毎月発売した。パーロホンとうまく棲み分けをしていたがシンフォニーのアルバム物を含む旺盛なリリースで息切れしたのか一年後の一九三一年六月新譜を最後に製造を停止し、レコード製作から撤退した。海外原盤はパーロホンに引き継がれ、旧オデオンの売れ筋レコードの一部はパーロホンレーベルで復活した。

これらのレーベルがもたらした変化として、アコースティック録音から電気録音への転換が挙げられる。一九二五年に海外の主要レーベルが一斉に採用した電気録音システムは、外資系レーベルの設立と国内プレスを通じて日本のレコード産業にも大きな変革を促した。一九二七（昭和二）年にツル（八月新譜）、ニッポノホン（十一月新譜）、ナイガイ（開始月未詳）、一九二八年にビクター（四月新譜）、オリエント（四月新譜）、ニットー（五月新譜）、コロムビア（十一月新譜）、がアコースティック録音から電気録音に移行している。国内資本のツルレコードは海外の電気録音ムーブメントに敏感に反応したレーベルで、自社のスリーブにも謳ったとおり「日本最初の電気吹込」を成し遂げた。(13)

一連の外資系レーベルは海外原盤の日本プレス（洋楽カタログ）の態勢を整えると、次に国内録音（邦楽カタログ）もおこないはじめた。明治・大正期は巷《ちまた》で流行していた唄や演芸をレコード化する「後追い企画」が主であったとされるが、ビクターやコロムビアは企画会議で生み出される「企画レコード」を主導し、主な国内レーベルもその潮流に乗った。毎月おなじ日に新譜が発売される発売日も各レーベルで定められた。

ビクター　一九二八年三月（新譜）より。発売日は毎月一日→一九二九年六月新譜より毎月二十五日。一九三二年正月新譜から毎月二十日発売となった。

コロムビア　一九二八年十一月（新譜）より。発売日は毎月二十日（十二月のみ十五日発売）

ポリドール　一九三〇年一月（新譜）より。発売日は毎月二十五日→一九三一年四月新譜より毎月二十日。（十二月のみ十五日発売）

パルロフォン　一九二九年五月（新譜）より。発売日は毎月二十日。

オデオン　一九三〇年七月（新譜）より。発売日は毎月二十日。

昭和期に入ってからはこれら洋楽レーベルに続いて、電気録音設備を備えた大小の国内資本レーベルが陸続と設立された。主なレーベルを列記する。

【関東】

ニッポン（東京市田端）……一九二八年設立。トンボ印、鳳凰（ホーオー）、フタミを発行。一九三二年にオーゴンレコードとなる。オーゴンは一九三六年十二月解散。

キング（東京市音羽）……一九三〇年設立。大日本雄弁会講談社キングレコード部。レコードの製作・製造はポリドールに委託（通称キンポリ）。一九三六年、独テレフンケンの録音設備と原盤契約を得て独立した。

太陽（東京市麹町区）……一九三〇年設立。コロムビアから独立したディレクターを中心に設立された。一枚一円の太陽レコードを売りにしてスタート当初は勢いがよかったが配給網を確立できず一九三三年に倒産。原盤が東京レコード製作所（蒲田の太陽レコード工場内に設立された）に移管されたあとはニュータイヨー、ヤヨイなどの廉価盤を発行した。また米ARCと原盤契約を結び一九三四年からジャズ専門レーベルのラッキーを発行した。

エヂソン（東京市京橋区）……一九三五年設立。短命に終わった。商業録音のほか記念録音や限定頒布盤を手掛けた。

ミリオン（東京市・田端）……一九三六年設立。元ビクター文芸部の安藤兵部や長田幹彦らが中心となってビクターの待遇に不満を抱いた専属歌手・作曲家を集めて設立された。一九三七年暮れに解散。

音研（東京市目黒区）……一九三九年設立。目黒音響科学研究所。個人録音を主とする。

フィルモン（東京府狛江）……一九三七年設立。日本フィルモン株式会社。ディスク式でなく音帯式レコードとその再生機を独自開発した。

写真45 関東のレーベル

【関西】

タイヘイ（兵庫県西宮市）……太平蓄音器株式会社。一九三〇年、内外蓄音器株式会社（一九二四～三〇年）を引き継いで設立された。そのため創立時から電気録音を採り入れている。一九三五年にニットーおよび日本クリスタルと合併し、大日本蓄音器株式会社となった。大日本蓄となって以降ニットーの新譜は減少して、事実上タイヘイが生き残る形となった。一九四二年キングに買収され軍需工場となる。一九四四年、富士航空工業株式会社と改称し独立。戦後は富士工業株式会社と改称し、キングレコードのプレスを再開した。一九五〇年、旧タイヘイ幹部によってタイヘイレコード株式会社（のちタイヘイ音響株式会社と改称）が設立され、タイヘイレーベルが復活した。海外原盤をプレスしたマーキュリーレーベルが好評で、一九五三年には日本マーキュリー株式会社と社名変更するに至った。

日本クリスタル（大阪市住吉）……日本クリスタル蓄音器合資会社。ニットーの洋楽専門レーベルとして一九三四年十一月に設立された。ドイツのクリスタル社と原盤提携して洋楽盤をリリースしたほか、一九三五年五月新譜から十一月新譜まで国内録音の邦楽盤も発売した。同年十一月、ニットー、太平と合併して大日本蓄の洋楽レーベルとなる。日本クリスタルのツバメ印は大日本蓄のトレードマークとして引き継がれた。

コッカ（大阪府三国）……一九二九年設立。初期の社名は国際セルロイド工業株式会社で6インチ、7インチ、8インチのセルロイド盤を専門としていた。一九三一年、国際工業株式会社となり、レコード業界の主流である10インチのシェラック盤に進出した。一九三五年にコッカ蓄音器レコード合資会社、一九三六年にはコッカレコード株式会社に社名変更し、大阪屈指のレーベルに成長する。高島屋レコードなどの委託プレスもおこなった。

昭和（京都市伏見区）……一九二八年設立。ショーワなどを発行。一九三四年に昭蓄レコードとなってからはショーチクを旗艦レーベルとし、商業録音のほか委託製作をメインの業務とした。一九三五年ごろに東京に進出。京橋の京一ビルにショーチクレコードスタジオを構えた。

テイチク（奈良市肘塚町）……蚊帳や布団の販売からレコード業界に進出した。スタンダード蓄音器株式会社を経て一九三一年に合資会社帝国蓄音器商会として創立した。一九三四年に帝国蓄音器株式会社となり東京へ進出した。

福永レコード・プロダクション（京都東山区）……一九三五年設立。エトワール、日本テレフンケンなどを発行する傍ら、委託プレスを盛んにおこなった。ＦＲＰの略称を用いた。

写真46 関西のレーベル

一九三四年ごろになると、これら大小のレコード会社が毎月の新譜を二十種あまりも発売した。国内レコード生産高は急激な右肩上がりを見せ、一九三六年には戦前最高の二千九百七十万枚を記録した。蓄音器祭がおこなわれる七月と新年に向けてレコード需要が高まる年末には特に新譜量が多かった。[14] ここに挙げたレーベルの多くは自社プレス工場を持っていたので、楽器店やレコード小売店が発行元となって請負プレスをすることも多かった。たとえばニッポンレコードが請負プレスしたフタミは浅草で現在も盛業中のレコード店・養老堂が発行元であった。レコード会社の多くは都市部にあったので地方や遠隔地の商店が発行元となることもよくあった。沖縄音楽のレーベルがそうである。コロムビア、テイチク、オーゴンがプレスした「トモエ琉球レコード」はヨシア楽器店が、アサヒ蓄の「琉球ツル」は盛興堂が、大日本蓄、コッカ、東京レコード製作所がプレスしたヤマキはヤマキ楽器店が発行元となっていた。いずれも沖縄の商店である。奄美大島の山キ商店もニッポンレコード（トンボ印、山キ印）から大島民謡を発行した。逆に沖縄の普久原朝喜は大阪にマルフクレコードを創業し、タイヘイのプレスで丸福レコードを発行した。日本のレコード産業を見るとき、このような請負プレスによるブランドの乱立は無視できない。

レコード検閲

戦前の新聞や出版物には検閲があった。また映画も検閲がおこなわれた。レコードにも検閲を、という声は大正期からあったが、それが現実味を帯びるのは一九三二年五月十五日に起きた五・一五事件がきっかけである。名古屋のアサヒ蓄音器商会（ツル）がさっそく事件のレコードドラマ化をおこない、『五・一五事件　血涙の法廷』（特281〜2）『昭和維新行進曲　海軍の歌／陸軍の歌』（特283）の三枚を五・一五事件記念レコードとして一九三三年十月新譜に発売したところ、テロの表立った讃美であるとして摘発された。このときレコード検閲の法的整備が定まっていなかったため、レコードは出版法によって行政処分された。歌詞カードを出版物とみなして立件したのである。この一件でレコードにも検閲を、との声は高まりをみせ、一九三四年三月、第六十五回帝国議会で改正出版法が成立した。同年八月一日からレコード検閲は施行された。検閲は新譜に対しておこなわれるだけでなく過去の発売分にも遡及しておこなわれたのだが、警保局図書課のレコード係はたった二人。検閲をする側も決して楽ではなかった。

行政処分である発売禁止や発行中止の基準となったのは①国体の尊厳を損なう内容（思想）、②公序風俗を紊乱《ぶんらん》する内容（エロ）だった。レコード検閲係はレコード製作の企画段階から内閲をおこない「善導」することで検閲に引っかかるレコードを効率よく減らしていった。検閲に引っかかった企画に対しては、作り直して検閲を通るようにする善導がおこなわれ、きわどいレコード企画は減っていった。一九三七年七月、北支事変が起こってからはレコード検閲も戦争協力の色を強め、「やくざ物」の流行歌や風刺が鋭いもの、時局にそぐわない不謹慎な内容、敵国をいたずらに嘲弄《ちょうろう》するレコードが取り締まられるようになった。[15]

レコード王国日本

一九三〇年代半ば、欧米でレコード景気が低迷していたのに対して日本はレコードがもっとも売れる国になっていた。たとえばＨＭＶが企画した「フーゴ・ヴォルフ協会」（一九三一〜三八年年）は予約頒布会員が不足して企画ごと流れそうになっていたところへ日本から二百組以上の予約会員が加わったことで成立したのである。日本コロムビアは米英コロムビアに加えて、仏パテ（一九三二年契約）、オデオン、パーロホンなどを傘下に収めるカール・リンドシュトレーム（一九三四年契約）、米ブランズウィック（一九三六年契約）と原盤契約を結ぶことで、洋楽カタログがさながら万国博覧会の様相を呈した。日本のレコード会社はその豊富なカタログを活かし、予約会員を募って毎月レコードを頒布する「洋楽愛好家協会」（ビクター　一九三五～四三年）「家庭音楽名盤集」（ビクター　一九三六～四一年）、「世界音楽名盤集」（コロムビア　一九三六～四一年）、「ポリドール鑑賞会」（ポリドール　一九三六～三八年）といった協会レコードの企画を次々に大成功させた。堀内敬三が「外国のレコード会社で芸術的な大曲の吹込を企画するときは日本での売行をもっとも計算に入れなければ成り立たないと云ふ」（『音楽五十年史』鱒書房　一九四二）と述べたように、洋楽ファンの需要は新しいレコード製作のスタイルを生み出した。日本コロムビアや日本ビクター、日本ポリドールは欧米の提携相手に依頼とギャランティーを出して、日本向けの録音をおこなわせたのだ。次に挙げるのは、その主なものである。

コロムビア

メンデルスゾーン「ヴァイオリン協奏曲　ホ短調」（ヨーゼフ・シゲティ＝ヴァイオリン、トーマス・ビーチャム指揮ロンドン・フィルハーモニック管絃楽団　J８２３５～３８／一九三四年四月新譜）

ブラームス「チェロ・ソナタ　第一番」（エマヌエル・フォイアマン＝チェロ、テオ・ヴァン・デル・パス＝ピアノ　J８３１７～９／一九三四年十二月新譜）

ベートーヴェン「魔笛の主題による変奏曲」（エマヌエル・フォイアマン＝チェロ、テオ・ヴァン・デル・パス＝ピアノ　J８５２５／一九三六年六月新譜）

ショパン＝フォイアマン「ワルツ　作品34－２」（エマヌエル・フォイアマン＝チェロ、テオ・ヴァン・デル・パス＝ピアノ　J５５０２／一九三六年六月新譜）

ベートーヴェン「交響曲　第九番　ニ短調（合唱附）」（フェリックス・ワインガルトナー＝指揮、ウィーン・フィルハーモニック管絃楽団、独唱陣　J8371〜8／一九三五年六月新譜）
バッハ「ブランデンブルグ協奏曲・全六曲」（アドルフ・ブッシュ＝指揮、ブッシュ室内管絃楽団　B‐1〜14／一九三六年四月新譜）
シューマン「流浪の民」（ベルリン国立歌劇場合唱団　S1009／世界音楽名盤集　一九三六年十二月頒布）

ビクター

メンデルスゾーン「カンツォネッタ」（アンドレアス・セゴヴィア＝ギター　RL16／一九三七年一月頒布）
リスト「ハンガリー狂詩曲　第二番」（レオポルド・ストコフスキー指揮フィラデルフィア管絃楽団　RL17／一九三七年二月頒布）
シューベルト「弦楽四重奏曲　ニ短調」（ブッシュ絃楽四重奏団　RL18一九三七年三月頒布）
パデレフスキー「メヌエット」／ショパン「ノクターン　嬰へ長調　作品15‐2」（イグナツ・フォン・パデレフスキー＝ピアノ　RL22／一九三七年六月頒布）
ブルッフ「コル・ニドライ」（パブロ・カザルス＝チェロ、ランドン・ロナルド指揮ロンドン交響楽団　RL23〜24／一九三七年七月・八月頒布）
ヴィタリ「シャコンヌ」（ジャック・ティボー＝ヴァイオリン、タッソ・ヤノポーロ＝ピアノ　RL33／一九三八年五月頒布）

ポリドール

ストラヴィンスキー「ヴァイオリン協奏曲」（サミュエル・ドゥシュキン＝ヴァイオリン、イゴール・ストラ

ヴィンスキー＝指揮・巴里コンセル・ラムルウ管絃楽団　90001〜3／一九三六年二月頒布）
モーツァルト「ヴァイオリン・ソナタ　変ロ長調」／ヘンデル「ヴァイオリンソナタ　イ長調」（カール・フレッシュ＝ヴァイオリン、フェリックス・ディック＝ピアノ　90004〜6／一九三七年四月十日頒布）
ベートーヴェン「ヴァイオリン・ソナタ　第九番　クロイツェル」（ゲオルク・クーレンカンプ＝ヴァイオリン、ヴィルヘルム・ケンプ＝ピアノ　45196〜9／一九三五年十月新譜）
モーツァルト「ピアノソナタ　イ長調　作品331」（ヴィルヘルム・ケンプ＝ピアノ　45231〜2／一九三六年二月新譜）
ベートーヴェン「ピアノ協奏曲　第五番　皇帝」（ヴィルヘルム・ケンプ＝ピアノ、ペーター・ラーベ＝指揮・ベルリン・フィルハーモニー管絃楽団　65001〜5／一九三六年五月新譜）

ビクターのレコードはすべて予約頒布会員を募った「洋楽愛好家協会」から依頼を出した録音である。このほかフランス・コロムビアでもマルセル・モイーズ（フルート）によるドップラー「ハンガリー田園幻想曲」（J2575〜6／一九三七年八月新譜）、「からたちの花」「宵待草」（29402／一九三七年一月新譜）、「荒城の月」「カミン・スルー・ザ・ライ／花嫁人形」（29505／一九三七年十月新譜）や、アレクサンダー・ダンス管絃楽団による日本の流行歌のダンスレコードなど意外に多くの録音が日本からの依頼でおこなわれた。[16]

来日した音楽家が残していった国内録音もある。ビクターにはフェオドール・シャリアピン（バス歌手）、ジャック・ティボー（ヴァイオリン）、ミッシャ・エルマン（ヴァイオリン）、グレゴール・ピアティゴルスキー（チェロ）、アレクサンドル・タンスマン（作曲、ピアノ）などが、コロムビアにはエマヌエル・フォイアマン（チェロ）、モーリス・マレシャル（チェロ）、ヨゼフ・シゲティ（ヴァイオリン）、シモン・ゴールドベルグ（ヴァイオリン)、リリー・クラウス(ピアノ)などが得意なレパートリーを録音し、それらの多くは日本だけでなく海外の提携レーベルでもリリースされた。聴いただけではそれとは分からず、日本録音ということが知られないまま海外の文献に載っているケースが多い。 また日本はレコード輸出大国でもあった。国内需要のほか、コロムビア、ビクター、テイチク、タイヘイ、ニットー、ツルなどは当時日本統治下であった台湾、朝鮮半島向けのレーベルも発行していた。一例として次のようなレーベルが発行されている。

美國勝利《ビクトリー》唱片《しょうへん》……日本ビクターが中国・台湾向けに製作
百代《パテ》公司《こんす》唱片……日本コロムビアが中国向けに製作(17)
オーケー……テイチクが朝鮮半島・台湾向けに製作
ニュームーン……テイチクが中国向けに製作
百樂《パイル》……テイチクが中国向けに製作
泰平……大日本蓄が朝鮮・台湾向けに製作
鶴唱片……アサヒ蓄が中国向けに製作
高麗……コッカが朝鮮向けに製作
シエロン……シエロン商会が発行。オーゴンが請負プレスした
コリア……コリア蓄音器商会(のちコリア洋行蓄音器部)が発行。プレスは東京レコード製作所→
　一九三六年四月よりショーチクがプレス

大手レコード会社は上海、台湾、朝鮮半島、満洲に置いた支社や支店でおこなった現地録音を国内でプレス

して現地の支社・支店に配給していた。

輸出レコードの販路はアジア諸国に留まらず、世界各国に及んでいた。日本コロムビアの場合、一九三九年に第二次世界大戦がはじまるまでに東アジア、東南アジア、ノルウェー、スウェーデンなど北欧、ギリシャ、イタリアなどヨーロッパ諸国、カナダ、北米、ブラジル、アルゼンチンなど南米、アフリカ大陸にまで広く展開し、世界五十九カ国にレコードを輸出したのである。(18)世界各地で日本プレスの古いレコードを見ることがあったら、それは戦前期に輸出されたものであろう。

戦争とレコード産業

日本のレコード産業は右肩上がりであった。その趨勢《すうせい》を大きく変える出来事があったのは一九三五年から一九三七年のことである。一九三五年十月、英コロムビア・グラフォフォン社が有する株式会社日本蓄音器商会の持ち株の大部分が共立企業株式会社に譲渡された。同社は鮎川義介が経営する日本産業株式会社（日産）の持株会社であり、この譲渡は日本コロムビアが外資系企業から離脱したことを意味する。共立企業の持ち株の一部は一九三六年三月に第一生命保険相互会社に譲渡され、さらに一九三七年三月、日産に移った。いっぽう一九三六年十二月には日本ビクター蓄音器株式会社の持ち株の過半数が日産と第一生命に移り、その後一九三八年にはＲＣＡビクターが資本を撤収した。コロムビアもビクターも外資が撤収したとはいえ、欧米の系列会社との原盤契約が新たに結ばれたり更新されたりして、海外原盤のカタログに困ることはなかった。こうして一九三七年九月には日本コロムビア、日本ビクターの両社がテレビジョンの開発に意欲を見せる日産コンツェルンの支配下に入ったのであるがそれも束の間、日産は国策に従って満州での重工業発展に力を注ぐためレコード事業から撤退し、日本コロムビアと日本ビクターは一九三七年十二月、日産コンツェルンから東京電気株式会社（現・東芝）に移管された。時代の大きなうねりのなかにあってレコード産業はその影響を大きく受けたのである。

一九三七年夏に日中戦争がはじまって以降、レコードの生産高は高い数字を保持するものの、徐々にレコードの材質が粗悪になっていった。一九三八年にレコードの主原料であるシェラックの輸入が禁止され、さらにカーボンブラック、コーパルゴムなどレコードの原材料が軍需産業に振り分けられたためである。このため、戦時下には資材不足から代用品の合成シェラックがレコード資材として用いられた。クレゾールとホルマリンを配合した合成シェラック（人造樹脂）は一九三八年八月からポリドールで使用されはじめた。一九四〇年代にはコロムビアやビクター、テイチクなどでも人造樹脂が用いられ、戦時下のレコード資材不足を補って余りあった。代用品を生み出す努力とは別に、レコード会社が主体となって古レコードを回収してリサイクルする運動も繰り広げられた。回収レコードは大きな粉砕機で粉々にされてレコードの中間材料（レコードの強度を高めるための素材）として再利用されたのである。

一九四一年十二月の太平洋戦争開戦後はレコード産業も国策への協力を余儀なくされた。その表れが外来語排撃による社名・商標の変更である。一九四二年から四三年にかけて変更されたレーベルは次のとおりである（カッコ内は変更された商標名）。

一九四二年二月　日本ポリドール蓄音器株式会社→大東亜蓄音器レコード株式会社（二月新譜から大東亜）

一九四二年八月　株式会社日本蓄音器商会→日蓄工業株式会社（一九四三年四月新譜からニッチク）

一九四三年四月　日本ビクター蓄音器株式会社→日本音響株式会社（ビクターのまま）
一九四三年四月　大日本雄弁会講談社レコード部が五月新譜からキングレコードを富士音盤に改称
一九四三年十二月　大東亜蓄音器レコード株式会社→大東亜航空工業株式会社
一九四四年五月　帝國蓄音器株式会社→帝蓄工業株式会社（商標はテイチクのままで表記を英字からカタカナに変更）

この社名変更から窺えるように、レコード産業は軍需産業への転換を余儀なくされていた(19)［写真47］。

レコード業界が被った戦争の重圧はこればかりではなく、一九四二年から四三年にかけて文部省、内務省、情報局の主唱でレコード会社の企業整備がおこなわれることになった。レーベルの統廃合でやり玉に挙がったのはテイチクとポリドールであったが、テイチクは断固として拒否し頓挫。ポリドールはコロムビアと統合される方向で話が進んだものの、こちらも土壇場で買収金額の折り合いがつかず企業整備は失敗に終わった。もっともこの交渉決裂はレコード会社どうしの腹芸がなせる技で、レコード会社を取り仕切る官公庁に対して「企業整備をするべくがんばった」という面子さえ立てばそれが失敗したところで非難されることはなかった。

その代り、企業整備に挫折した監督官庁は次に販売機構の統

写真47　レーベル名の改称

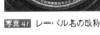

合整備を強行した。商業第一主義のレコード業界を国家奉公主義に転ずるためには、全国のレコード小売店を統制するべきだと考えたのである。国民が好むと好まざるとにかかわらず、国家の売りたいレコードを配給するシステム作りだ。戦前のレコード流通網は、ジョバー制（卸問屋から小売店にレコードを卸す方式）と、レコード会社から特約店への直売制の二本立てでおこなわれていた。全国に点在する卸問屋のなかには明治期から続く老舗も少なくはなかったのだがすべてのレコード問屋を廃業させ、日本音盤配給株式会社を新設して力づくで流通機構を一元化したのである。これら社名変更や流通の一元化といった戦時体制への迎合は終戦後、すみやかにもとに戻された。

戦争によってレコード産業が被った被害は甚大であった。日本音響株式会社（ビクター）は一九四五年三月十日の空襲で築地スタジオを、四月四日の空襲で横浜工場の大半を焼失した。同年四月十三日の空襲で大東亜航空工業株式会社（ポリドール）の青山スタジオが焼失した。四月十五日の空襲ではさらに大森区の本社・工場が被害を受けた。五月二十五日の空襲で日蓄工業株式会社（コロムビア）の川崎工場の一部が被害を受けた。空襲による被害ではないがテイチクの奈良本社・工場は一九四三年十月六日、失火により全焼した。

戦後、もっとも立ち直りが早かったのはコロムビアだった。一九四六年一月新譜から戦前の旧譜を再プレスしはじめたのと同時に新譜も再開した。それが大映映画「そよかぜ」主題歌「リンゴの唄」である。ビクターは空襲によって本社機能を失ったので、コロムビアのスタジオと工場を借りてレコード製作を再開せざるを得なかった。ポリドールもコロムビアのスタジオで録音を再開した。テイチクは金属原盤を焼失したため、かろうじて残されたテスト盤や市販のレコードから原盤を作成した。レコード原始時代の複写盤作りを正規のレーベルが再現するという、それも敗戦国のレコード産業の姿であった。

戦後、日本社会の復興と歩みを同じくして、レコード産業も復興していった。ＥＰ盤、ＬＰ盤の出現後、従来の78回転レコードは相対的にＳＰ盤と呼ばれた。ＳＰ盤は新しい規格のレコードとしばらく共存し、一九六二（昭和三十七）年にすべてのレーベルで製作が終了したのであった。

（1）「浮き針」という訳語はローランド・ジェラット著『レコードの歴史』による。クルト・リース著『レコードの文化史』では同じ言葉を「振動針」と訳している。いずれも録音カッター（スタイラス stylus）を指す。ベル＝ティンターはワックスに切刻する方式を開発して録音史を大きく前進させた。「浮き針」「振動針」は録音カッターがシリンダー式レコードの音溝に乗って音を刻む様子からそう呼ばれた。ベルリナーの録音方式は少なくとも録音カッターが浮いた状態ではないのでこの訴えは無理があったが、のちにナショナル・グラモフォン・カンパニーのフランク・シーマンが造反して「ベル＝ティンターの切刻する方式をベルリナーが剽窃《ひょうせつ》した」と主張したことでベルリナー側が窮地に陥ることとなった。

（2）ＡＣＲは廉価盤の一大チェーンである。もともと独立していたカメオ（カメオ、リンカーン、ロメオを発行）、パテ（アクチュール、パテ、パーフェクトを発行）、プラザ（バナー、ドミノ、ジュエル、オリオール、リーガルを発行）の三つのグループが一九二九年七月に合併して設立された。一九三一年にはブランズウィックを買収した。一九三八年十二月、ＡＣＲはＣＢＳ（コロムビア・ブロードキャスティング・システム）に買収されてコロムビアとオーケーを発行する一方で、かつて買収したブランズウィックとヴァカリオンはワーナー・ブラザーズに返却された。

（3）当時、米ビクターが赤盤の高級盤として特別に精製されたシェラックを用いた「Zシェラック」盤を出していたのに対抗して、米コロムビアも微細なシェラックにブルーカーボンを混ぜた「ブルー・ロイヤル」盤を開発し一九三二年から三五年までリリースした。しかしコロムビアの下降する業績を挽回することはできなかった。一九三六年には経営悪化を受けて新譜数も減った。ちょうど同時期に日本のレコード産業が急激な伸び率をみせ、世界最高の生産高を記録したのと対照的である。

（4）家庭用録音と軍用録音はストライキから除外されたので、アメリカ陸軍と海軍でレーベル契約の枠を超えて製作されたV－ディスクは商業レコードの困窮をよそに製作がおこなわれ続けた。

（5）キュッヘンマイスター社は二つのサウンドボックスを装備してエコー効果を醸す蓄音機を「ウルトラフォンUltraphon」と名づけて発売していた。それをレーベル名に転用したのである。

（6）新しい録音方式によるジーメンス・スペッツィアルは一九四二年からレコードに用いられはじめた。この時期はドイツ・グラモフォンがポリドールに移行するタイミングであり、両社のジーメンス・スペッツィアル盤が存在する。

（7）官報『撮音機ノ沿革及「グラフォフォン」ノ構造』（第千六百六十六号／明治二十二年一月二十一日）。グラフォフォンは皇族の天聴にも浴した。なおグラフォフォンの訳語としては「写言機」「撮音機」「蘇音機」「蓄音機」があり、比較的早く「蓄音機」が主流となった。

（8）三光堂は松本武一郎と社会主義運動家の片山潜、洋品雑貨商の横山進一郎によって設立された。浅草並木町で創業し、のちに銀座に店を構えた。設立にあたってはF・W・ホーンも協力した。ホーンが日米蓄を設立する際に松本武一郎も参画したが、同社設立前の一九〇七年に急逝した。

（9）一九一六年、経営難に陥った東洋蓄音器株式会社は本社と工場を合資会社京都興行商会に貸し出した。この京都興行商会は自社録音の八千代を製造販売しつつウグイス、からとりなどの複写盤を手掛けていたが、ご丁寧にも東洋蓄音器合資会社と改称してから旧東洋蓄の業務を受け継いだ。いわば入り婿のような形でオリエントレーベルを継続させたので、社史上やや混乱している。同社の変遷については大西秀紀氏の研究を参考とした。

（10）酒井公声堂は一九〇九年に酒井欽三《さかいきんぞう》が創業した（一九〇五年説もあり）。レコード事業を志した酒井は当初、富士山印の東京レコードで「酒井公聲堂」の字の入ったレコードを委託製作し、一九二一年より自社吹込の蝶印バタフライレコードを発行した。酒井欽三は発明家でレコード店経営に安居せず、中森熊太郎に経営を譲った。その後の酒井公声堂はファスト号蓄音器を発売するなど自社製品の製造販売で販路を伸ばし、一九三五年に株式会社となった。中森熊太郎は全国蓄音器商組合連合会副会長、大阪蓄音器商組合長を歴任するなど蓄音機業界の重鎮として活躍した。

（11）一九〇九年創業の小島ゴム工業株式会社が販売した「ハート美人」は日本初にして業界最大手のコンドームであった。

このハート美人が一九三三年十一月から翌年一月にかけて「ハート美人情歌（都々逸）懸賞募集」の広告を新聞各紙に出し、一九三四年三月十一日に入選作が発表された。入選情歌は柳家三亀松によってレコードに吹き込まれた。それが同年に発売されたハート美人レコードであるが発売直後の七月、警視庁の取り締まりに遭って発売禁止となった。なおハート美人は戦後にオカモト株式会社がブランドを継承し、二〇一五年ごろまで製造販売されていた。

(12) パーロホン閉鎖の前に予約頒布会が成立していたミゲル・リョベット協会の第三回頒布分（一九三三年十月）のみは予定通り製造頒布された。

(13) ただしニットーは一九二七年から試験的に電気録音をおこなっていた。

(14) 東京、大阪をはじめとする全国蓄音器商組合の主催、レコード会社の協賛で毎年七月第一週に特別セールや記念レコード発売がおこなわれていた。一九二八年に第一回がおこなわれた。

(15) 戦時下はジャズが検閲によって厳しく取り締まられたといわれるが、音楽形式としてのジャズやブルースに対してレコード検閲は比較的緩やかであった。ジャズなど当時敵国であった米英の楽曲が国家によって排撃されたのは一九四三年一月以降のことで、内閣情報局と内務省は「米英音楽作品蓄音機レコード一覧表」を発表してレコードからジャズを追放するよう呼びかけた。この通達に「レコード」という言葉が入っていることからも分かるように欧米文化の断絶は困難を極めた。業界団体の日本蓄音器レコード文化協会が名称を日本音盤協会に改称するのは一九四四年三月のことである。

(16) 逆に日本人音楽家による国内録音のレコードで、海外にレコードがないため日本の原盤を海外でプレスしたり、日本から輸出した例もある。ハイドンの聖譚曲《オラトリオ》「基督の七つの言葉 Die sieben worte des erloesers am kreuze」（シャールス・ラウトルップ＝指揮、黒澤貞子＝ソプラノ、丹治ハル＝アルト、薗田誠一＝テナー、伊藤武雄＝バス、東京音楽学校管絃楽部員、生徒合唱／コロムビア Ｊ３９６１〜９　一九三一年七月新譜）は同曲の世界初録音で、米コロムビアでもプレス（６８９２４〜３２）された。同じくラウトルップ指揮、東京音楽学校生徒合唱・管絃楽部員によるヘンデルの聖譚曲「ユーダス・マッカベーウス」（Ｊ５９００〜０１、Ｊ３９６０）も海外のレコードで欠落しているパートを埋める録音で、輸出盤によって欧米にも紹介されていた。マーラーの「交響曲　第四番　ト長調」（近衛秀麿＝指揮、新交響楽団、北澤榮＝ソプラノ／日本パーロホン Ｅ１０００９〜１４　一九三〇年七月新譜）も、一九四五年にブルーノ・ワルター指揮、ニューヨーク・フィルハーモニー管絃楽団による同曲のレコードが出現するまで唯一の録音であったため、海外のコレクターが熱心に探求した。

(17) ビクター、コロムビアがリリースした台湾向けレコード、朝鮮半島向けレコードは国内と同じブランド名、意匠で製作された。

(18)「世界制覇をめざして」『日蓄（コロムビア）三十年史』（株式会社日本蓄音器商会　一九四〇年）74～76頁による。レコードのほか、蓄音機、レコード針、ハーモニカ・アコーディオンなど楽器類も輸出品目だった。

(19) 各レーベルの改称が続くなか、テイチクはそもそもが帝国蓄音器株式会社という名称なので問題なしだった。ビクターは社名こそ日本音響株式会社に変えたもののブランド名は変更せず、VICTORの綴りもそのままに商標を守り通した。

第三章　SPレコードの基礎知識

◆材質

ベルリナーが平円盤を開発した当初、カンマー&ラインハルト社の5インチ盤は硬質ゴムを素材に用いていた。しかし一八九七年にはグラモフォン社でシェラック混合のレコード素材が考案され、レコード材料の主流となった。硬質ゴムは大量生産に向いていないうえに製品が熱で変質しやすかった。それに対してシェラック混合物は何千枚もの大量プレスが可能で、製品も容易に割れない程度の硬度を保っていたのだ。シェラックはカイガラムシが分泌する樹脂状の物質で、精製して用いられる。その用途は防水塗料、楽器や家具のニス、接着剤、チョコレートや医薬品のコーティング剤などなど広範である。主としてタイ、インドネシアなど東南アジアの輸出品である。セルロイド製など化学的な材質もレコード産業の進歩とともに現れたが、シェラックを配合したレコード素材は数十年間にわたって用いられた。一九二〇年代にシェラック、コーパルゴム、繊維質といった大まかな配合資材は一定したものの、シェラックの配合率などは各レーベル最大の機密情報だった。レコードには強度を高めるために石材を粉末状にしたものも配合されている。日本コロムビアは関東某所で採れる石粉、日本ポリドールは京都某所の石粉、というふうに資材の産地も異なっていた。

セルロイドはシリンダー式レコード時代からフランスのアンリ・リオレットが製品化（一八九四年）するなどレコード資材として注目されていた。ディスク式レコードへのセルロイドの応用は英国の「ニッコール

Nicole」（一九〇三〜〇六年）が試みたが、レコード業界の主流にはなり得なかった。一九〇七年には無線電信の開発者として名高いグリエルモ・マルコーニの名を冠した「マルコーニ・ヴェルヴェット・トーン Marconi Velvet Tone」が米コロムビア・フォノグラフ社から発売された。ニッコール同様ボール紙の芯にセルロイドをラミネートしたディスクで確かに雑音は少なかったが、たいへん高価であったのと金メッキを施した特殊な専用針が必要だったので一九〇八年には市場から姿を消した。ごく短期間のレーベルながら、日本での出張録音の一部がマルコーニ・ヴェルヴェット・トーン盤となって輸入されている。

セルロイド以外にも、二十世紀になって開発された合成樹脂が頻繁にレコードの素材として試された。一九二八年にはドイツの「フォニコード Phonycord」（〜一九三一年）が自在に曲げられる柔軟なカラー・レコードを発売した。同時期にフランスのパテ社もフレキシブルな「セロディスク Cellodisc」を手掛けている。このほか英国では「フィルモフォン Filmophone」（一九三〇〜三二年）や「グッドソン GOODSON」（一九二八〜三一年）といった合成樹脂製レコードが出現した。この種のフレキシブル盤の多くは赤、青、黄色など鮮やかなカラーで、紙のレーベルでなく盤面に直接タイトルや演者、商品番号、商標などがプリントされているのが特徴だ。

破損しづらく軽量な合成樹脂盤は日本でも商業的に成功した。大阪府豊中市の国歌レコード製作所はもともと国際セルロイド工業株式会社というセルロイドを扱う会社からレコード業界に進出し、一九二九（昭和四）年から合成樹脂製小型レコードを製造販売した。(1) このレーベルは6インチ、7インチ、8インチを主力商品とした。スリーブには「不燃性にしてセルロイド製品に非ず」と謳《うた》い、蓄音器針一本で数十回聴くことができることを誇っている。一九三一年以降シェラック製の通常の10インチ盤も作りはじめ、小型盤から脱却した。京都ではクラブ化学工業研究所が昭和初期にクラブ、五色、カナリヤといった色とりどりのフレキシブル盤を発

写真1 ヒット・オブ・ザ・ウィークと日本での販売時につけられたスリーブ

行した。この種の通称セルロイド盤が関西に集中していたのは、化学工業資材の流通によるものだろうか。

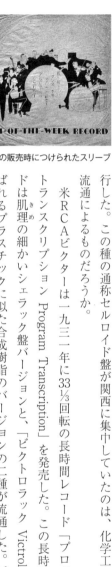

米RCAビクターは一九三一年に33⅓回転の長時間レコード「プログラム・トランスクリプション Program Transcription」を発売した。この長時間レコードは肌理《きめ》の細かいシェラック盤バージョンと、「ビクトロラック Victrolac」と呼ばれるプラスチックに似た合成樹脂のバージョンの二種が流通した。ビクトロラック盤は柔軟性があり、長時間レコードに適応した軽針圧の電蓄で再生した場合はノイズの少ないクリアな音質だったという。[2] 一九三二年から日本でもビクター・トランスクリプションが発売されたがシェラック盤バージョンのみであった。塩化ビニール系の合成樹脂のレコードは、一九四〇年代以降に多く用いられるようになった。戦時下に戦線の娯楽用として作られたアメリカのVディスク(一九四二〜四九年)は落下傘で最前線に投下する必要から、軽量のビニライトを使用した(ただしシェラック製のレコードもある)。日本では一九六〇年代はじめまでSPレコードが生産されていたが、その末期はやはり塩化ビニール製だった。すでにLPやEP、シングル盤が普及していて軽針圧のプレイヤーのほうが多数派だったのである。テイチクのグローリー盤は7インチの78回転盤で内容は通常の10インチ盤の流行歌だった。マーキュリーも78回転のEP(Extended Playing)盤というややこしいものを作ったが広く普及しないまま消えてしまった。

紙もまた早くからレコード資材として注目された。英国のネオフォンはエナメルを塗布したボール紙を芯としていたので「軽くて割れない」というのが売り文句だった。高いビルの上から落としたネオフォン盤を再生

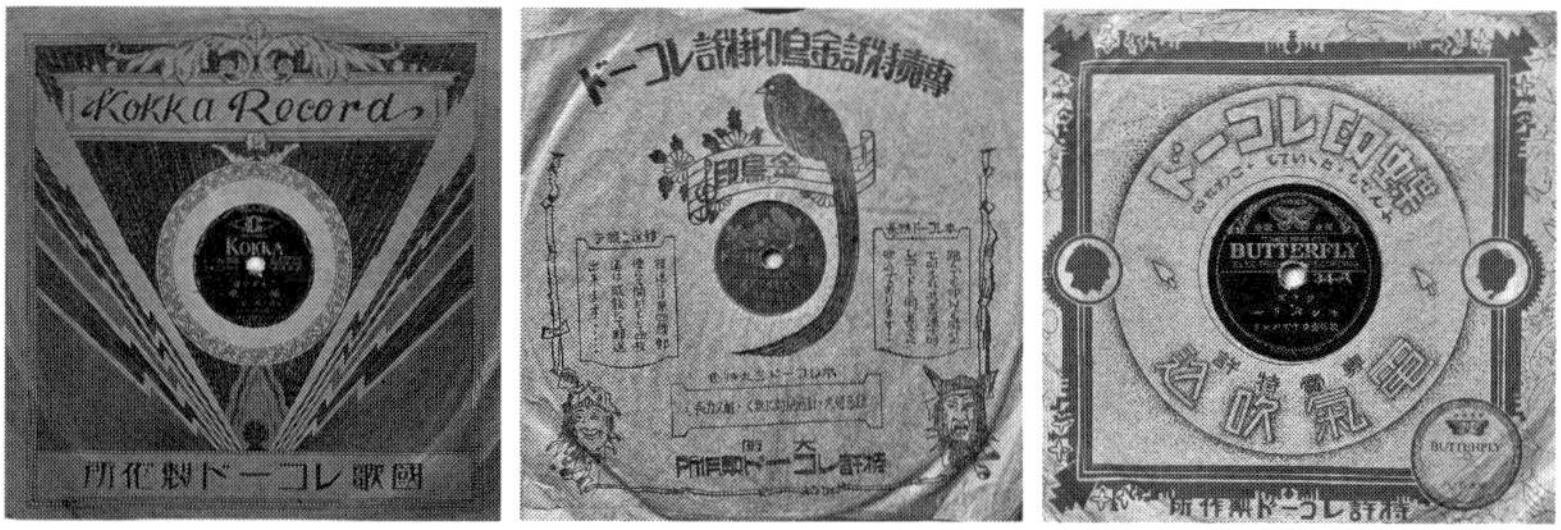

写真2 セルロイド製コッカ盤（左端）と紙芯の特許レコード

するという公開実験もおこなった。しかし日光に当たると反り返ってしまうので短命に終わった。

一九三〇年に登場した「ヒット・オブ・ザ・ウィークHIT OF THE WEEK」（一九三〇～三二年）はボール紙と合成樹脂を用いたレコードでもっとも成功した例である。合成樹脂デュリウムを盤面にコーティングして軽量と音質の良さを併せ持っていたこのレコードは新聞スタンドで販売されていた。日本にも輸入され、ジャズブームに乗じてたいへんよく売れた［写真1］。日本ではディスク式レコードが国産化された初期、まだ高価であったレコードを安価に製造販売するためにダンボールを芯として表層にシェラックをコーティングした質の悪い複写盤が出回ったので、紙製レコードには粗悪品という悪いイメージがついて回った。そのイメージを払拭したのが「特許レコード製作所」である。特許レコードは大阪・心斎橋北で酒井公声堂を経営していた酒井《さかい》欽三《きんぞう》が一九二五（大正十四）年十一月、大阪市西淀川区に設立し、自社吹込の「金鳥レコード」を製造販売した。一九二八年十月、特許レコードが兵庫県尼崎市に移転してからは「バタフライ」「タカシマヤ」なども発行した［写真2］。紙芯にシェラックをコーティングする製法で、通常の10インチ盤もあるが、それよりも6インチ、7インチ、8インチの小型盤で販路を広げた。同社のレコードは音溝を詰めて7インチ盤で10インチ盤並みの収録時間（三分程度）、10インチ盤で12インチ盤相当の収録時間（四分程度）を可能にしていた。また、はがきやブロマイド、冊子にレコードを組み込んだカードつきレコードや、使用後に団扇に早変わりするアイデア商品も販売した。「ふんでもた、いてもこわれぬ」「七吋なれども普通十吋レコードと同じ長さに吹込であります」と良いことづくめの宣伝文句で売り、実際かなり普及した。[3] このほか、一九三五年ごろには東京トーキー・カード商会が紙ベースのブロマイドにセルロイドをコーティングしたトーキー・カードを発売した。

写真3 せんべいレコードの広告
ニットータイムス 1926年7月号

　レコードの資材としてもっとも珍奇なのはチョコレートとせんべいだろう。チョコレート・レコードは一九〇〇年代初頭、ディスク式レコードの草創期に早くも作られた。三十年ほど前ハンブルクのレコードディーラーに見せてもらった実物は5インチ盤で、蝋《ろう》管レコードのように斑が浮いた硬質なチョコレートにうっすらと音溝が確認できた。日本にも「レコード型チョコレート」という商品があったことが岡田則夫氏の「続・蒐集奇談　五十九」（『レコード・コレクターズ』一九九五年十二月号）に報告されているが、これはボール紙芯の小型レコードを附録に添えたチョコレート菓子だったようである。

　せんべいレコードは人気落語家の桂春團治がニットーに作らせて意気揚々と売り出したものの大損をしたというエピソードでよく知られている。せんべいとレコードの取り合わせも奇抜で面白い。そのはじまりは兵庫県神戸市で内外レコードを立ち上げる準備中に、レコード製造の一環でせんべいに音溝をプレスしたことからはじまったという（「関西発レコード１２０年　第4部〈3〉レコードせんべいのなぞ」『神戸新聞』一九九七年十一月十九日）。その後、一九二五（大正十四）年十一月にニットーの社長・森下辰之助が実用新案特許を取得。富士正晴の評伝『桂春団治』（講談社文庫）には、一九二六（大正十五）年一月に春團治が売り出したとある。同年十月に大阪天神橋の蓄音器店が通信販売の広告を出していることから、儲けそこなった春團治が在庫を払い下げたのかもしれない。せんべいレコードは湿気に弱かったという。原型のまま見つかったらちょっとしたニュースになるだろう(4)［写真3］。

◆片面盤と両面盤

初期のディスク式レコードは片面だった。技術的には一九〇一年に米ビクター社で実験的に両面盤を製作することに成功していたが採用には至らなかった。一九〇四年、ドイツのオデオンが商業レコードとしては初めて両面盤を発売した(5)。同年、米コロムビアも「両面の音楽・両面の選択・一枚で二枚分」の売り文句で両面盤を発売したが、すかさずオデオンから特許侵害の廉《かど》で訴えると脅されて販売を取りやめた。一九〇八年に至ってアメリカのビクター、コロムビア、ゾノフォン、英国のレナ（のち英コロムビアが買収）が一斉に両面盤を発売し、一九二三年までにはすべてのレコードが両面に切り替わった(6)［写真4］。

写真4 独オデオンの両面レコード広告
1905年2月

◆サイズの変遷と最大・最小のレコード

一八九〇年、ベルリナーがディスク式レコードを開発した当初そのサイズは5インチ盤（12・7センチ）という小さなもので演奏時間も一分に満たなかった。一八九九年に登場した7インチ盤（17・8センチ）は二分間の収録が可能となり、レコードサイズの主流となった。しかしそれも束の間で、一九〇一年以降は収録時間が三分半まで増えた10インチ盤（25・4センチ）が主流の座を奪った。一九〇三年には四分台の録音が可能な12インチ盤（30・5センチ）が採用されて、オペラ歌手が余裕を持ってアリアを吹き込めるようになった[7]【写真5】。

このようにレコードの定番サイズの変遷は、収録時間長時間化への挑戦でもあった。米ビクターと仏パテでは14インチ盤（34・9センチ。一九〇三〜〇五年）が、英ネオフォンと仏パテからは20インチ盤（50・8センチ）まで現われたが、通常の商業ベースには乗らず、短期間の試みに終わった[8]。そのほか、変則的なサイズとして8インチ盤（20・3センチ）や10¾インチ（27・3センチ）も新設された。8インチは米ビクターや仏パテが採用し、10¾インチ盤はオデオン（ドイツ・フランス）とフォノティピア（イタリア）で主流となったサイズである。

写真5 さまざまな大きさのレコード。左から6インチ、7インチ、8インチ、10インチ、12インチ

パテ社は太い音溝と球状の再生針、回転数（90回転）などほかの国では見ることのない特徴を備えた縦振動盤で、フランスとベルギーのレコード産業を寡占した。ディスクのサイズも多種にわたり、ここに挙げた以外に6½インチ（17センチ）、10½インチ（27センチ）、11½インチ（29センチ）、14インチ（35センチ）とさまざまな規格を開拓した。一九二〇年代、最終的に8インチ、10インチと12インチを内容によって使い分ける区分が確立した。

世界最大のレコードは前述のパテ社と英ネオフォンの20インチ盤（50・8センチ）である。世界最小記録は一九二〇～二四年に製作されたクイーン・メアリー・ドールハウスのために作られた1⅜インチ（3・5センチ）の英グラモフォン（ＨＭＶ）盤である。ペーター・ドウソン（バリトン）独唱の「ルール・ブリタニカ」「ゴッド・セイヴ・ザ・キング」など六曲六面が作られ、そのうち「ゴッド・セイヴ・ザ・キング」は市販された。

◆横振動と縦振動

ディスク式レコードには音溝のカッティング方式の違いがある。横振動盤（Lateral-cut）と縦振動盤（Vertical-cut）である。シリンダー式レコードは、ホーンに受けた音響の振動を音溝の深浅でワックスに刻む縦振動方式であった。音溝の特徴からHill and Daleともいう。それに対してベルリナーが開発したディスク式レコードは、音響の振動を蛇行する横振動に変換してカッティングした。ディスク式レコードは横振動が主流であったが、シリンダーレコードから参入したパテ社（一九〇六年に参入）やエジソン社（一九一二年に参入）は縦振動方式をディスク式レコードでも固守した。音質的には縦振動盤がすぐれており、レコード内周で音が歪みやすい横振動方式の欠点とは無縁であった。エジソンはアンナ・ケース（ソプラノ）など本物の歌手と自社レコードとのすり替え実験を各地でおこない、好評を博した。横振動方式と縦振動方式は再生用のサウンドボックス（エジソン社はリプロデューサーと呼んだ）の構造も異なり互換性がなかったので、レコード業界は縦振動派と横振動派にきっぱりとシェアが分かれた。二種の方式が併存した時期は長く、エジソン社は一九二六年に、仏パテ社は一九三二年に横振動方式に完全移行して、ようやく横振動に統一されたのであった。横振動と縦振動の主なレーベルを挙げよう。

【横振動】グラモフォン（HMV）系列、ビクター、コロムビア、オデオン、フォノティピアなど多数。

【縦振動】エジソン、パテ、ヴォカリオン、オーケー、ブランズウィックなど。[9]

写真7 パテの縦振動盤

写真6 エジソンのダイヤモンド・ディスク

横振動レコードと縦振動レコードの外見上の違いは、音溝を拡大して見たとき、蛇行しているのが横振動、均一な線がエジソンの縦振動である。エジソンの「ダイヤモンド・ディスク」はリプロデューサーのトレースを安定させるため、厚さが5ミリもある［**写真6**］。パテの縦振動レコードは音溝が太く、録音された音量に従って音溝の幅が変化している。太鼓の音などが入ると球状の音溝になる。盤面には独特の艶があり、手触りも横振動盤と異なる。再生時に約8ミルのボールを先端につけたボール針を用いるのも大きな特徴だ［写真7］。

◆回転数

SPレコードの回転数は78回転ということが一般的に知られている。戦前には80回転という規格もあったが昭和十年代にはおおむね78回転に統一されていた。しかしレコードの歴史を振り返ると、レコードの回転数にも転変がある。もっとも初期のカンマー&ラインハルト社の蓄音機（一八九八年）はゼンマイ動力ではなく、レコードを再生する間ずっとクランクを回していなければならなかった。3インチないし5インチのレコードはおよそ100回転で一定するようになっていた。その後、再生時間を長くするためにレコードのサイズは7インチとなり、回転数も70回転に抑えられた。回転数を速くすれば音質の向上が望めるが収録時間は短くなる。70回転はその妥協の産物であった。また一説には、人間が回転数を一定に保つのにもっとも適していたから、ともいう。パテの初期のディスク式レコードはセンタースタート（内周からはじまる方式）で120回転という高速だった（のちに外周スタートとなってから80回転となった）。回転数の遅いほうでは、一九〇六年にジョン・トルマッシュ－シンクレア卿（一八二五－一九一二）がコロムビアに吹き込んだ詩「シャツの歌 The Song of the Shirt」（トーマス・フッド作）は65回転であった。[10] また日本のコーア（興亜文化録音株式会社・発行）が一九三〇年代半ばに発行した7インチの小型盤は回転数を50回転まで低速化させたという。低速回転で長時間化を図ったのだろう。[11]

二十世紀初頭は録音技師が回転数を決める権限を持っており、72回転から83回転までレコードによって回転数が異なっていた。パブロ・デ・サラサーテの一連の録音はコレクターの間で古くから72回転が正確な回転数だと伝わってきたし、アデリーナ・パッティのレコードも78回転では速すぎる。サラサーテのレコードには回転速度のチェックのため内周に開放弦で弾くA音が収録されていたが、こうしたチェック用トラックを備えたレコードはサラサーテのみで、アコースティック期のレコードにはあとから回転数を書き込んだものがしばしば見られる。回転数の不統一は当時からレコード会社でも問題視されたようだ。レコードカタログには個々の録音に回転数も表記されていた［写真8］。

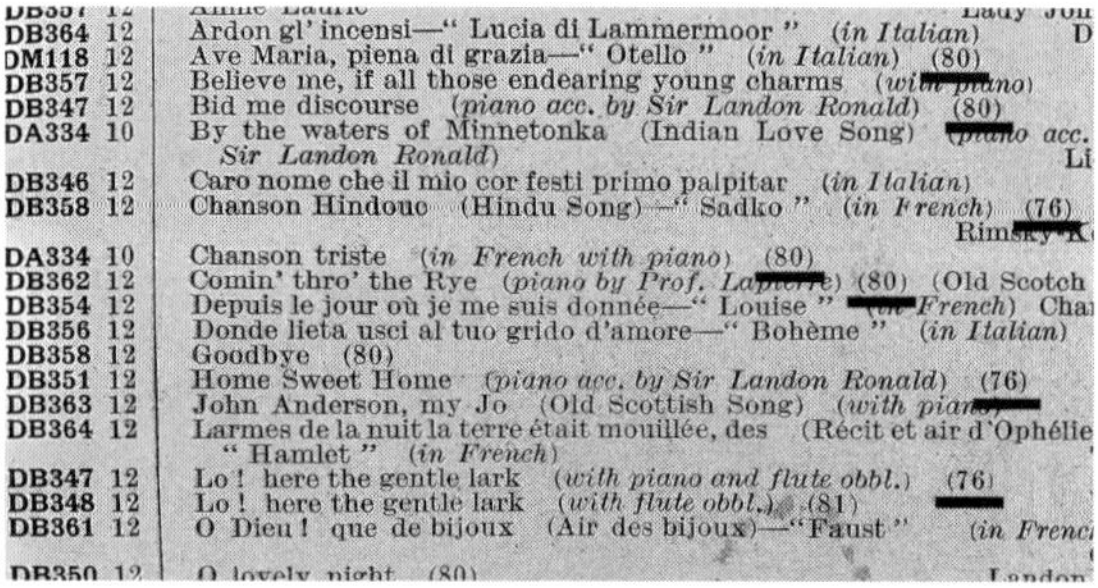
DB364 12 Ardon gl' incensi—" Lucia di Lammermoor " (in Italian)
DM118 12 Ave Maria, piena di grazia—" Otello " (in Italian) (80)
DB357 12 Believe me, if all those endearing young charms (wi[redacted]no)
DB347 12 Bid me discourse (piano acc. by Sir Landon Ronald) (80)
DA334 10 By the waters of Minnetonka (Indian Love Song) [redacted]o acc. Sir Landon Ronald)
DB346 12 Caro nome che il mio cor festi primo palpitar (in Italian)
DB358 12 Chanson Hindoue (Hindu Song)—" Sadko " (in French) (76)
DA334 10 Chanson triste (in French with piano) (80)
DB362 12 Comin' thro' the Rye (piano by Prof. La[redacted]) (80) (Old Scotch
DB354 12 Depuis le jour où je me suis donnée—" Louise " [redacted] French)
DB356 12 Donde lieta usci al tuo grido d'amore—" Bohème " (in Italian)
DB358 12 Goodbye (80)
DB351 12 Home Sweet Home (piano acc. by Sir Landon Ronald) (76)
DB363 12 John Anderson, my Jo (Old Scottish Song) (with pian[redacted]
DB364 12 Larmes de la nuit la terre était mouillée, des (Récit et air d'Ophélie " Hamlet " (in French)
DB347 12 Lo! here the gentle lark (with piano and flute obbl.) (76)
DB348 12 Lo! here the gentle lark (with flute obbl.) (81) [redacted]
DB361 12 O Dieu! que de bijoux (Air des bijoux)—"Faust" (in Frenc

写真8 正確な回転数を書き加えた例（HMV 1926年版カタログ）

78回転が回転数として定着した由来については「電気的に力のあるターン・テーブルの出現によって78回転に定着した。シンクロ・モーターは３６００回転で回った。四六対一のギアで、これは78・２６回転のスピードを出し、それが標準となった」とする説が有力である。[12] その時期として一九二五年に電気録音が開発されて以降とされることが多いが、一九一〇年前後にはすでに78回転がある程度定着していた。マッティア・バッティスティーニ（バリトン）の一九〇八年の録音の多くやアルトゥール・ニキシュがベルリン・フィルハーモニー管弦楽団を指揮した録音（一九一三年）などは78回転が遵守されている。

しかしそれは厳密な決まりではなく、現場の録音技師に任せるしかないのが実情であった。ユリア・クルプ（メゾソプラノ）の場合は、一九一四年五月のグラモフォン社ベルリン録音は78回転だが、同年七月から一九二四年まで録音した米ビクターでは、74回転、75、76回転、77回転と録音セッションによって回転数がまちまちである。これはヨーロッパでも同様で、オデオンやフォノティピアは74回転、75回転のレコードが散見される。一九二〇年代になると米ビクターや英グラモフォン社が78回転を標準速度とする一方で、コロムビア、ブランズウィック、エジソン社、独グラモフォン社など80回転を採用するレーベルも多かった。日本の内外レコードは83回転をスリーブに表示していた。

電気録音がはじまると米ビクターとグラモフォン系列は正式に78回転の定速を採用した。コロムビア系列や独グラモフォンなどは80回転をそのまま継続したが、一九三一年に英国でＥＭＩが誕生するまでにコロムビアも78回転に統一された。独グラモフォン社も録音システムをライト・レイ方式からウエスタン・エレクトリック社に変更したタイミングで78回転となった。

世界的な78回転への統一は日本にも波及した。日本ビクターは創業時から78回転であった。[13] 日本コロムビアは80回転で創業し、一九三一年ごろには78回転が標準回転数となった。日本ポリドールは国内録音を発売しはじめた一九三〇年から月報や歌詞カードに「一分間に八十回転」と明記し、一九三六年から表記が「一分間に七十八回転」に変わった。しかし実際には一部の例外を除いて、最初から78回転を採用していた。一方で関西のニットーとタイヘイは本社吹込所、東京吹込所とも80回転を標準回転数としていた。タイヘイは一九四〇年になってようやく78回転を採用した。

国内録音をおこなったレーベルすべてに共通することだが、録音時の実際の回転数には揺らぎがあった。日本ビクターは一九三一年に重錘を使用する重力式モーターに換装して、ようやく回転数が安定したという。この重力式モーターは米ビクター本社から送ってきたもので、電圧が不安定で回転数の一定を保ちづらい電気モーターよりも、確実に安定した回転数を約束する方式だった。他社も似たりよったりである。たとえばニットーが80回転を正確に維持できるようになるのは一九三三、四年のことであった。

◆長時間レコード

レコードの収録時間への挑戦は、もっぱらサイズの巨大化に向かったが、それ以外にもさまざまな工夫がおこなわれた。

通常の10インチ盤の演奏時間が三分半であったのに対して、エジソン社のダイヤモンド・ディスクは、80回転で五分間演奏できた。盤面に合成樹脂を用い、左右の音溝に干渉しない縦振動方式、細かいダイヤモンドチップを備えたリプロデューサーがそれを可能にした。さらにエジソン社は一九二六年十月、長時間盤を発表した。音溝を従来のレコードの三倍まで詰める方式で、演奏時間は10インチ盤で五分間、12インチ盤で二十五分間に達した。たいへん精妙で完璧なシステムだったが、微細な音溝は破損しやすく、アコースティック録音の限界で音量面に於いて不充分だった。せっかくの長時間盤なのに内容は従来の10インチ盤の寄せ集めであったのも顧客には不評だった。結局エジソン長時間盤は10インチが8種、12インチが6種発売されたに過ぎなかった。

アメリカのブランズウィック社（一九二六年）と英国のヴォカリオン社（一九二七年）は音溝の間隔（ピッチ）を極限まで狭くして、12インチ片面で六分近くまで演奏可能な準長時間盤を発売した。日本でもニットーや特

写真9　RCA ビクターのプログラム・トランスクリプションとスリーブ

許レコード、東邦（大日本東邦レコード商会）といった関西のレーベルが同様に音溝を詰めて、競合相手よりも収録時間の長さを誇った。[14] この方式を発展させ、78回転レコードの最終形として発表されたのがドイツ・グラモフォン社の「VGレコード Variable pitch Groove」である。ヴァリアブル・ピッチ・グルーブは音の強弱に従ってピッチを詰めたり空けたりしながらカッティングする技術で、同じ技術によって欧米のレコード界がLPレコード開発を成功させていた時勢に逆行して78回転を固守し、一九五〇年に発表された。[15]

LPレコードと同じ33⅓回転の長時間レコードは、一九三一年に発売されたRCAビクターの「プログラム・トランスクリプション Program Transcription」で商品化された【写真9】。この長時間盤は12インチが片面十五分程度、10インチが片面一〇分程度の収録ができた。ただし再生にはRAE-26（日本での小売価格は千五百円＝現在の四百万円ほど）のような33⅓回転に対応した高価な電気蓄音機が必要だったうえに、長時間盤のために開発した合成樹脂ビクトラックの耐久性に難があり、シリーズの新譜発売は一九三三年に終了した。[16]

長時間レコードへの試みにはほかの道筋もある。一九二二年、英国のウオルドWorld は線速度一定式録音を開発した。通常のレコードは一定の速度で回転し（角速度一定）、外周と内周で針の進む速度が異なる（だんだん遅くなる）が、モーターの回転速度を調整して全体的に等速度で再生するのが線速度一定方式である。A～Dの四種の速度設定で一〇分から一〇〇分の収録時間を取り揃えたが、再生に特殊なアダプターが必要なため普及せず、一九二四年に解散した（百分の演奏時間が表記されたAタイプは現物が確認されていない）。その後、ウオルド盤の

写真10　線速度一定方式によるウォルドの長時間レコード

製造をしていた英ヴォカリオン社が権利を継承した。一九二五（大正十四）年、大阪にウオルド・レコード株式会社が設立され、英ウオルドの製品と国内録音の長時間盤を発売した【写真10】。しかし日本のウオルドも英国の本家と同様、一年後には姿を消してしまう。[17] すると、ウオルドのあとを引き継ぐようにしてニットーが一九二六（大正十五）年十一月から線速度一定式の長時間盤を発売しはじめた。ニットーの長時間盤は12インチ片面で約一〇分間演奏できた。専用アダプターに独自の工夫を加え、潤沢な資本に後押しされて一九二八（昭和三）年一月までに純邦楽の名人大家や若干の洋楽、演説など全七十七枚をリリースした。

日本でおこなわれた長時間録音・再生への挑戦として特筆すべきは、フィルモン（Filmon Endless Sound - Belt）である。フィルモンは幅35ミリ×厚さ0・23ミリ×長さ13メートルのセルロイド製の音帯をエンドレスにつないで、専用の再生機で三十分に及ぶ演奏を可能とした。音帯と呼ばれたように円筒とも平円盤とも異なる形状のため、その録音と製造過程もまた特異であった。発明者は小西正三と細井勇で昭和初期から開発をはじめ、一九三六年に商品化が可能なレベルに達した。[18] 出資者を得て現在の東京都狛江市に日本フィルモン株式会社の本社と工場が設けられ、一九三八年二月から新譜を発売しはじめた。音帯の収録内容は邦楽、演芸から洋楽、国民歌謡、演説、演劇、語学まで多種多様で「一ヶ月五、六巻乃至二〇巻の新譜」（『蓄音機レコード製作所並発行所明細書』内務省警保局図書課　一九三八年末現在）を出し続け、おおよそ百二十本がリリースされたといわれる。東京文化財研究所が早稲田大学演劇博物館と共同でフィルモンに関する研究と修復作業を続けており、現在のところ製作が確認された音帯は百十七種、所蔵機関・個人の許に現存が確認できた音帯は百二種ある。[19] 音帯は五円・七円・十円と三種の価格帯で販売された。再生機は安価なポーダブル型で百六十円、高級機は九百八十円であった。一般的なディスク式レコードと比べるとたいへん高価だったのだが、それでも企業として成り立っていたのは、この方式がある程度普及した証左であろう。フィルモンは従来のディスク式レコードと較べて音質的にも収録時間でも優れていた。中国大陸での戦況の悪化、輸入制限による資材不足によって日本フィルモンは一九四〇年に解散してしまった。残された音帯が将来的に音源化されて「れきおん」などで公開されれば、収録されたさまざまな分野の研究に資することであろう［写真11］。

写真11 フィルモン音帯
（提供：東京文化財研究所）

◆リードイン・グルーブ

レコードの外縁から音溝へ針先を誘導する溝のことをリードイン・グルーブ（またはラン・イン・グループ）と呼ぶ。一九三〇年に米コロムビアで初めて採用された。これがアメリカのレコード界に定着したのは

一九三五、六年ごろのことである。海外原盤の国内プレス盤によって日本でもリードイン・グルーブは知られるところとなったが、戦前の国内録音では普及しなかった。唯一、テイチクが一九三八年十二月新譜から実装した程度である。戦後もようやく落ち着いた一九五〇年代に入ってコロムビア、ビクターがテイチクに続いてリードインを実装するようになり、LP時代にはそれが通常仕様となった。

◆レーベル

レコードの顔ともいえるのがレーベル（ラベル）である。初期のディスク式レコードは紙レーベルではなく、盤面にじかにレコード会社名やタイトル、演者、レコード番号などが刻印されていた。最初に紙レーベルを採用したのはビクターの前身コンソリデーテッド・トーキングマシン社のグラモフォン（Gram-O-Phone）レコードであった。確認できる限りで最古の例は一九〇〇年十月四日に録音されたスーザ・バンドの「キング・コットン・マーチ」（A－301）、同日録音のスーザ・バンド「山師の行進曲 Charlatan March」（加ベルリナー・グラモフォン 458 ともに7インチ盤）である。[20]

視認にすぐれた紙レーベルは登場とともに急速に定着した。やがて紙レーベルには情報を伝達するという役割のほかに「競合するライバル会社より目立つ＝顧客の目に留まる」ことが求められるようになった。一九一〇年代にドイツからヨーロッパ諸国に輸出された廉価盤はいずれも華美なレーベルで彩られていた。また明治末期から日本で現われた複写盤も欧風の派手なレーベル意匠で人目を引こうと競った。

キッチュなデザインとは逆に芸術性を追求するレーベルもあった。アーティスティックな意匠という点ではフランスのパテ社が抜きん出ている。特に一九二七年十二月に登場したパテ・アール Pathé‐Art は装丁家フランソワ・ルイ・シュミート（一八七三‐一九四一）が手がけた特製レーベルで、レコードのレーベルでは唯一、デザイナーのサインが入っている。10インチ（青・銀・白）、11インチ（オレンジ・金・白）、12インチ（マルチカラー）でそれぞれ意匠と配色を変えるという凝りようだ【写真12】。アールデコの時代色を存分に反映したアーティスティックなレーベルはシンプルなスリーブによく映えた。パテ社は一九五〇年代にもLPレコードのデザインにアドルフ・ムーロン・カッサンドルを起用した。パテ盤を描いたカッサンドルの有名なポスターと同様、シュミートのレーベル意匠もまた芸術作品といってよい。

写真12 パテ・アールのレーベル
上から10インチ、11インチ、12インチ

◆スリーブ

ＳＰレコードはおおむね共通規格の紙のスリーブに収納されている。ＬＰレコードのジャケットのようなしっかりした造りのものは少ない。またデザインもＬＰレコードのような個別デザインの場合もあるが、各レーベルで共通したデザインのことが多い。スリーブに用いられる紙質は薄めで破れやすく、経年劣化や長年の湿気、カビ、埃《ほこり》で汚れていることが多い。そんな頼りないスリーブにも歴史がある。ディスク式レコードにスリーブがつけられたのはベルリナー時代であるといわれる。ボール紙製で印刷のないスリーブであった。一九〇三年、フランチェスコ・タマーニョ（テナー）のレコードを製作する際に特別な専用スリーブが作られ、二人の高名なソプラノ歌手、ネリー・メルバ（一九〇四年録音）とアデリーナ・パッティ（一九〇五年録音）にも専用スリーブが用意された。このころにはすでに紙スリーブが普及していたわけだが、片面レコード時代なので、片面は無地で片面にレーベルが見える窓をつけたスリーブが主流であった。両面に窓を空けるようになったのは独オデオン、伊フォノティピアの両面盤が出現してからのことである【写真13】。

日本では出張録音のグラモフォン盤や米コロムビア盤は革張りのレコードケースに収納されていることが多かった。ケースの中はレコードが一枚ずつ差し込めるように区分けされており、裸のまま入れられる。その後、出張録音では後発組となる独ライロホンや米ビクターがスリーブをつけるようになった。国産の日米蓄音器製造株式会社も創業当初から片面に窓をつけたスリーブを採用していた。片面窓が両面窓となり、各社ごとに共通意匠のスリーブが使用されるようになったのは大正初期のことで、それからSP時代の末期までこの形式は変わらなかった。

コレクターとしては、発売当初のスリーブにきちんとレコードを収めてくれていれば問題はないのだが、中身のレコードとスリーブが発売当初の姿を留めていることは滅多にない。スリーブにまで気を払った几帳面なコレクションに遭遇したなら、それはたいへん幸運なことである。特に古物市や古物屋に出るレコード群は初《うぶ》荷《に》を別としてすでにスリーブを失っていたり、レコードとスリーブの組み合わせがまったく異なっていたりすることが多い。乱雑に扱われて破れてしまうスリーブも多い。一見したところ一様で同じデザインに見えるレコードスリーブも細かな意匠の変遷があり、時代を映す史料となり得る。スリーブ文化にもこれから目を向ける必要があろう。

写真13 初期のスリーブ。伊グラモフォン（上）、独オデオン（下）

◆歌詞カード

カンマー&ラインハルト社のために作られた最初期のベルリナー5インチ盤で筆者が手にしたことがあるのは、ベルリナー本人らしき人物が一～十の数字と曜日を読み上げているレコードであった。片面盤の裏面には、レコードされている数字と七曜を印刷した紙片が貼付されていた。これが最初の歌詞カードといえるかもしれない。

日米蓄音器製造株式会社は自社レコードの売り上げを伸ばす策として、スリーブの空白となっている裏面に歌詞を印刷するサービスを考案した。端唄など比較的短い歌詞なら余裕をもって印刷することができた。このサービスは好評であったが、リリース数が千枚に達するあたりから社内での保存管理がたいへんになってきたので一枚刷りの歌詞カードを作ってレコードに添えるサービスをはじめた。これが本邦における歌詞カードのはじまりである。明治末期から大正期の歌詞カードは歌詞や台詞など文字情報が刷られているだけだったが一九二一（大正十）年ごろから吹込者の写真や飾り罫を入れるようになった。昭和期になると流行歌や映画説明、レコードドラマの歌詞カードなどには顔写真のほかに華美な挿絵が添えられた。蕗谷虹児や岩田専太郎のような有名画家が手掛けたものもある。「東京音頭」や「さくら音頭」のヒットで音頭物がレコード流行歌のカテゴリーとして確立すると、踊りの振付の挿図を入れることもよくおこなわれた。また簡易な楽譜を歌詞カードに刷ることもあった。レコード一枚にまで手の混んだ歌詞カード・解説カードをつけるサービスは日本独特のもので、逆に欧米ではまったくといってよいほど発達しなかった［写真14］。

岩田専太郎の挿絵による「すみだ川」

大正期の歌詞カード

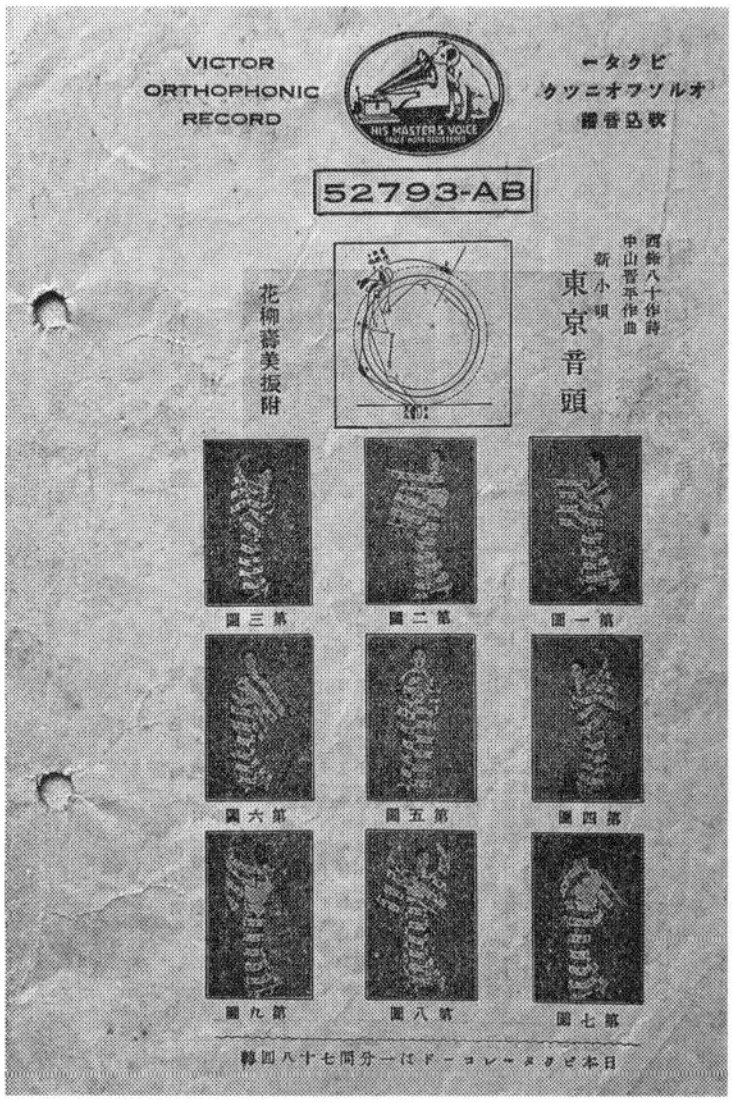

振付の図入り「東京音頭」

写真14 歌詞カード

◆アルバム

組物のレコードにアルバムがつけられたのは一九一八年に英HMVが発売したギルバート＝サリヴァンの喜歌劇「ミカド」（ドイリー・カルテ指揮ライトオペラ管絃楽団、独唱陣／D2～12）11枚組が最初であった。これをきっかけとしてオペラや交響曲の組物にアルバムがつけられるようになり、日本では戦時下に物資不足で有料になるまで組物レコードに無償でつけられた。これが転じて、現在でもCDや音楽配信サービスに於いて、楽曲のオムニバスをアルバムと呼んでいるのである。ちなみにアルバム物には欧米でも日本でもブックレットが添付された［写真15］。

ラッキー「踊らん哉」表紙 (1937年10月臨時発売)

アレックス・スタインワイスの「アロハ・ハワイ」アルバム意匠を日本コロムビアもそのまま用いた例

アルバムのブックレット

写真15 アルバムの例

◆複写盤

レコード産業の黎明期から複写盤問題は存在した。一八九八年に出現したワンダー・レコード（スタンダード・トーキングマシン社製造）はベルリナー・レコードのコピー品だった。この複写盤は大胆にもベルリナー盤の商品番号をそのまま刻印してそこに「1」を追加していたものの、ベルリナー・グラモフォン社とは無関係であった。明らかな特許侵害であるこの複写盤業者はすぐに廃業した。翌一八九九年にはアメリカン・トーキングマシン社（ベルリナーグループを告訴したアメリカン・グラフォフォン社の子会社。第二章参照）がヴァイタフォン・レコードを発売した。このレーベルはオリジナル録音をリリースしていたのだが、ベルリナー・グラモフォン社は横振動の特許を侵害しているとしてヴァイタフォンを訴え、同社もすみやかに廃業した。

日本では出張録音でレコード産業史がはじまったから、複写盤対策は日本側の代理人がおこなった。たとえば一九一二年にライロホンが桃中軒雲右衛門《とうちゅうけんくもえもん》の出張録音を発売するとレコードから原盤を作成して無断で製造する安価な複写盤が巷《ちまた》に跋扈《ばっこ》したので、ライロホン側は複写盤業者を著作権侵害と不法行為で訴えた。しかし裁判は著作権侵害を認めず、複写盤業者に有利な判決が下された。このため一九二〇年に著作権法改正がおこなわれてレコードに著作権が認められるまで、日本では数多くの複写盤レーベルが半ば堂々とブートレグを製造販売していた［写真16］。レコード産業がプリミティヴな状態だった日本では、正規盤の六分の一程度の廉価で売りさばかれる複写盤がディスク式レコードと蓄音機の普及を促してレコードの一般化に資した。また複写盤製造からレコード製造のノウハウを会得してオリジナル録音で勝負するまっとうなレーベルが生まれたのも事実であった。レコード産業の成長とともに複写盤も影をひそめていったのである。

ウグイス

スペシャル

ヒコーセン（帝国蓄）

ラビット

ゑむをう　れこうど

写真16 複写盤の数々

（1）コッカは一九二九年、国際セルロイド工業株式会社としてスタートした。一九三一年、社名を国際工業株式会社に改め、シェラック製盤に進出した。通称が国歌レコード製作所でレーベル名も国歌の字を当てた。その後、一九三五年にコッカ蓄音器レコード合資会社、一九三六年にコッカレコード株式会社へと規模を拡大した。

（2）故クリストファ・N・野澤氏（一九二四－二〇一三）の生家には貿易商のご両親が英国やアメリカから持ち帰ったレコードや国内プレスの洋楽盤の新譜が揃っていた。日本橋三越百貨店の蓄音器部に在籍していたオーソリティーが組んだ高級電気蓄音機があり、RCAビクターの長時間盤も聴いていた。合成樹脂の長時間盤はシェラックとは比べ物にならない良い音質だったとおっしゃっていた。

（3）特許レコードが委託製作した「タカシマヤレコード」は高島屋百貨店が発行元で、一九三〇年から全国の系列店に展開した十銭ストアで販売された。本文に述べたほかにボール紙を芯にしたレコードとして、一九二五～二六年に発行された「ウオルド」（大阪・心斎橋）がある。ウオルドは英国に本社があり、線速度一定方式によるシェラック製の長時間レコードを発行していた。準長時間78回転盤も手掛け、さらにボール紙芯にシェラックをコーティングしたレコードも発行していた。このウオルド紙芯盤もあるいは特許レコード製造かもしれない。

（4）近年ヤフーオークションでせんべいレコードの缶が何度か出品され、落語家の桂米平や桂文我（四代目）が落札している。せんべいレコードの完品はいまだ確認されていない。

（5）オデオンを発売したインターナショナル・トーキングマシン社は、アメリカからベルリナーのグラモフォン社を駆逐したゾノフォンのヨーロッパ代理人、フレデリック・M・プレスコットが創立したレーベルである。プレスコットはエジソン社の映画事業の代理人でもあった。

（6）スタンダードな価格帯のレコードがすべて両面に切り替わったのちも、ごく一部の歴史的に重要なレコードは片面盤のままカタログに残存した。たとえば英国の伝説的なソプラノ歌手で社会的地位も高かったアデリーナ・パッティ（一八四三－一九一九）など。またSPレコードの末期まで、交響曲などアルバム物の最終面がブランクとなることはしばしばあった。

（7）もっとも初期の12インチ盤は、フランチェスコ・タマーニョ（テナー）やアデリーナ・パッティ（ソプラノ）、ヨーゼフ・ヨアヒム（ヴァイオリン）など超一流のアーティストに対する別格待遇を示す象徴として制作された。

（8） 英ネオフォンの20インチ盤は一九〇四年に発売された。縦振動で約一〇分の演奏が可能だった。仏パテの20インチ盤も縦振動であったが再生速度は120回転という高速で、収録時間は通常の10インチとさして変わらなかった。パテがここまでサイズを巨大化したのは演奏の長時間化のためではなく、大人数のサロン向けに音量を増強する目的からであった。

（9） 一九一六年設立の米ブランズウィック、米ヴォカリオンや一九一八年設立の米オデオンの初期盤は縦振動だった。ジェネットやエマーソン、パラマウントも縦振動でスタートしている。エジソンやパテが主導した縦振動方式は、アメリカでは横振動とせめぎ合っていたのだ。結局一九一九年にこれらのレーベルは一斉に横振動に転換し、アメリカのレコード業界は横振動が大勢を占めることになる。

（10） ジョン・トルマッシュ＝シンクレア卿はレコードに声が残されたもっとも古い世代の人物として有名である。シンクレア卿の生年一八二九年は日本では文政八年に当たる。

（11） 岡田則夫「続・蒐集奇談 二十三 昭和のマイナーレーベル」『レコード・コレクターズ』（一九九二年十月号）より。

（12） ローランド・ジェラット著・石坂範一郎訳『レコードの歴史』（音楽之友社）51頁

（13） 初期の日本ビクター録音は必ずしも78回転で録音されているとは限らない。創業時のビクタースタジオ（丸の内の馬場先門前にあった三菱九号館三階）では録音機のモーターはダブルのゼンマイ駆動であった。これは「よほどしっかり調整しておかないと、すぐに回転数が動いてしまうのです」（「日本人電気録音技師第一号の楠本哲秀氏」『証言――日本洋楽レコード史（戦前編）』）という難物で、実際にこの時期に録音された二村定一の「アラビアの唄」は78ではなく76回転であった。また佐藤千夜子の「当世銀座節」もB面がどんどん速くなっている。一九三一年に録音スタジオが神田区今出川の大洋ビル六階に移ってからは重錘で駆動する重力式モーターになり、回転数の誤差はめっきり減ったという。

（14） ニットーは10インチ片面四分にこだわったという。それは同社が力を入れていた清元などの邦楽がちょうど四分で切りよく一面に収まったからだった。当時のニットー録音事情を知る人によれば同社は音溝を細くするため、簡単にピッチを変えられるようにカッティングマシンを改造したという。（「関西発レコード120年 第1部〈15〉浪花の得々商法」『神戸新聞』一九九七年一月二十二日）

（15） テレフンケン・シャルプラッテン社が一九四三年六月十九日に取得した特許第971917号 Verfahren zum

Aufzeichnen der Schallwellen auf Schallplatten（音波をビニール製レコードに録音する方法）を応用している。

（16）ワーナー・ブラザーズは映画のトーキー化の手段として長時間レコードを実用化した。同社はウエスタン・エレクトリック社が開発したヴァイタフォン Vitaphone を用いてジョン・バリモア主演『ドン・ファン』（一九二七年）アル・ジョルソン主演『ジャズ・シンガー The Jazz Singer』（一九二七年）などのディスク式トーキー映画を成功させた。ヴァイタフォンの長時間レコードはフィルム一巻分に合わせて十一分収録できる。トーキー映画の主流はその後フィルム式トーキーに取って代わられたが、16インチで内周スタートというスタイルはラジオのトランスクリプション盤として一九四〇年代まで引き継がれた。

（17）ウオルドは高級レコードと銘打って長時間レコード（三円五十銭）を、新レコードと銘打ってボール紙芯のレコード（五十銭）を発売した。紙芯レコードは「踏んでも曲げても折れない破れない・長く使用に耐え外観優美団扇の代用にもなります」と広告された。また同系列と思われる東邦レコード（大日本東邦レコード商会）も「長時間無雑音十分式」という長時間盤を発売した。

（18）細井勇はニットーで長時間盤を開発した人物でもある。日本フィルモン株式会社でフィルモンを商品として技術的に完成させたのは坪田耕一であった。

（19）飯島満「フィルモン音帯一覧」（二〇一五年三月現在）『無形文化遺産研究報告（9）』（東京文化財研究所）の調査による。

（20）ゾノフォン社の起こした訴訟によってアメリカではグラモフォン Gramophone という商品名が使用できなくなったため、エルドリッジ・ジョンソンは綴りを Gram-O-Phone に変更して危機を乗り越えた。なお『レコードのギネスブック』には喜劇俳優ジョージ・グラハムが一九〇〇年五月十四日に録音した「The Colored Preacher」が最初の紙レーベルとして挙げられているが、この日録音した原盤は市販されなかった可能性が高い。現在確認されている米グラモフォン（１８６３）、カナダ・グラモフォン（３４３）とも一九〇一年十月九日録音の7インチ盤である。またＤＡＨＲ（Discography of American Historical Recordings）のサイトで録音記録に当たると一九〇〇年五月十四日録音の10インチ盤の記録が出てくるが、10インチ盤が登場するのは一九〇一年のことなので誤記の可能性がある。

第四章

SPレコードのメタデータ

I　レーベル情報を読む

博物館や資料館などでSPレコードを触る学芸員、スタッフが一様に口にするのが「右も左も分からない」である。それだけ現場でSPレコードに直面して困り果てる理由は、レコードに特化した書誌とそのマニュアルが存在しないからだ。現状、日本を含む世界のデータベースを見渡しても、図書の書誌をレコードに転用しているものがしばしば見受けられる。図書の書誌をレコードに当てはめたら無理が生じるのは当然の話で、そもそもレコードのどこを見たら何が分かるかがマニュアル化されていない。

書籍の場合は奥付を見れば情報がまとまって記載されている。レコードの場合はレーベル（ラベル）が書籍における奥付の役割を果たしている。レーベル上にはごちゃごちゃと文字や記号、番号が詰まっている。タイトルや発行会社はそれと見て分かるが、記号や数字はどれがどんな意味合いを持つのか分からない、ということが多い。書籍の奥付を読むようにレコードを読むことができれば、レコードを触る現場のスタッフもこんなには困惑しないであろう。そこで、この章ではレコードの読み方を解説しよう。

データベースという言葉を出したが、SPレコードを含む歴史的音源にもデータベースは存在する。存在するどころか、研究者は世界のデータベースを駆使している。いかなるデータベースがあるかは次章に述べるが、レコードの書誌を統一すれば、データベース構築が効率的になるのは間違いない。日本の各機関、個人コレクターが所蔵するSPレコードの書誌を統一してデータベースに加えれば、それは集合知の大河となろう。

もちろん口でいうほど簡単にはいかない。国家事業並みの資本と時間を要するが、データベースに必要なメタデータがきちんとレコードから拾ってあれば、その道程はぐんと短縮される。

データベースを形成するデータをメタデータと呼ぶ。SPレコードのデータベースを作ろうと思ったら、レコードに含まれるひとつひとつの情報がメタデータとなる。まず、レコードからどのようにメタデータを読み取るかを説明しよう。

「邦楽盤」と「洋楽盤」

まずはじめに「邦楽盤」「洋楽盤」の区分について述べておかねばならない。ありがたいことに、一般社団法人 日本レコード協会が説明してくれている。いま現在でも生きている規格なのだ。

〝邦盤〟と〝洋盤〟の区分は、音楽の邦楽・洋楽とは関係なく、収録されている作品の音源が国内原盤のときは〝邦盤〟、外国原盤のときは〝洋盤〟とする。[1]

昭和とともにはじまった日本ポリドール、日本ビクター、日本コロムビア、日本パーロホン、日本オデオン、キング（日本テレフンケン）、ラッキーなどは、それぞれ契約元の輸入原盤を国内プレスした。これが洋楽盤で、クラシック音楽、描写音楽、ダンス音楽、ジャズ、朗読など広範なジャンルにわたる。ここに挙げたレーベルは後続して国内録音の浪花節や落語などの演芸、ジャズソングや流行歌、映画主題歌、児童レコード、クラシック音楽、和洋合奏などこれまた広範なジャンルのレコードを作りはじめた。これが邦楽盤である。レコード会社は月に一度、新譜情報を掲載した月報を発行していた。そうして一年に一度、その年にリリースしたレコードを含む総目録も発行していた。コロムビア、ビクター、ポリドール、キングは当初、新譜月報でも総目録でも洋楽と邦楽の両方を一冊に収めていたが、やがて収録点数が増えたため、洋楽目録と邦楽目録を別々に発行するようになった[2]【写真1】。ややこしいことにこれから述べるレーベル上の情報でも刻印情報でも、邦楽盤と洋楽盤では部分的に規則が異なる。レコードを読むうえで必要があれば、邦楽盤と洋楽盤の違いに触れてゆきたい。

月報（テイチク）

月報（トーチク）

月報（ニットータイムス）

総目録（ビクター）

総目録（ポリドール）

特別発売チラシ（コロムビア）

写真1 月報と総目録の例

レコードには中央にさまざまな情報を記載したレーベルが貼られている。レコード会社を指してレーベルとも呼ぶのでややこしく、レコードラベル、ラベルと呼ばれることも多い。

一九〇〇年の7インチ盤から実に一九八〇年代、LP時代の終焉まで紙レーベルは使われ続けた。レーベル紙には、伸びに対して均一に力が分散される特殊な用紙が用いられた。そのため、高温高圧でプレスされても破れたり皺《しわ》になったりしないきれいなレーベルに仕上がるのである。レーベルはいわばレコードの顔である。

レーベルから読み取れる情報は大別して二種ある。ひとつは「レコードされている内容」であり、もうひとつは「レコードそのものの情報」である。

レコードされている内容

「レコードされている内容」としては、以下の情報が挙げられる。書籍の奥付でいえば書名と著者名に該当しよう［写真2］。

①ジャンル

レコードには多くの場合、録音されている内容のジャンルが示されている。「ソプラノ独唱」「管弦楽」など演奏形態が書かれたり、「演説」「哥澤《うたざわ》」「観世流謡曲」など録音内容の属性が示されたりとさまざまである。ジャンルは多くの場合、レーベルの中段の中央（タイトルの真上）、あるいは右肩か左肩に表記されている。

写真2 レーベル上の表記（レコード内容）
①ジャンル ②タイトル ③吹込者

②タイトル

レコードされている内容を表したタイトルである。サブタイトルが記されている場合もある。二面以上にまたがる内容の場合は、(上)(下)(其一)(其二)「Part1」「Part2」「Conclusion」などと演奏する順序が示されている。

③吹込者(歌手・演者・演奏者・演奏団体など)

ほとんどのレコードには吹込者が記されている。多くの録音をおこなった吹込者は、時として名前の表記揺れがある。襲名制を採る芸能では襲名前とあとの名前を把握しておく必要があるし、初代、二世などの代にも注意しないといけない。襲名制でなくとも改名するアーティストがいるので、見慣れない名前の場合は調べたほうがよい。さらに、レーベル上の名前が真実とは限らない。商業録音には変名が数多く存在する。稀《まれ》にだがミスによってレーベル上の名前が吹込者とは別人の場合もある。また、名前が未記載の場合もある。このほか伴奏者・伴奏団体も吹込者に含まれる。レーベルに名前が記載されていなくても録音には伴奏が入っていることがあるので注意が必要だ。また初出盤で記されていた伴奏者名が、再発盤で削られていることもある。

レコードそのものの情報

「レコードそのものの情報」には以下のような内容が含まれている。製品としてのデータで、書籍の奥付でいえば発行所や印刷所に相当する[写真3]。

①商標（トレードマーク）と商品名

発行した会社・組織の所有するレーベルのトレードマークと商品名のロゴが大きく示されている。ビクターやコロムビアは各国の系列会社でロゴが統一されているが、グラモフォン社の商品名は製造国や年代によって表記が異なる。

Gramophone Concert Record　英国、ヨーロッパの10インチ盤
Gramophone Monarch Record　英国、ヨーロッパの12インチ盤
HMV（His Mastar's Voice）　英国および英国の植民地、カナダ　一九一〇年以降
Disque pour Gramophone　フランス　一九〇〇～一〇年代
Disque Gramophone　フランス　一九二〇～三〇年代
VSM（La Voix de Son Maitre）　フランス　一九三〇～四〇年代
Disco Gramofono　イタリア
Schallplatte Gramophon　ドイツ　一九一四～二六年③
Amour Gramophone　ロシア

ちなみにモナークレコードはもともと米ビクターで一九〇一年から一九〇五年にかけて7インチ盤、10インチ盤に用いられた商品名である。

明治末期の一九〇七（明治四〇）年十月、日米蓄音器製造株式

写真3　レーベル上の表記（レコード情報）
①商標、商品名　②意匠（レーベルデザイン）　③製造会社、発行元　④商品番号　⑤面番号（フェース・ナンバー）

会社が初の国産レコードを発売した。レーベル名は統一されておらず、価格が異なる五種のブランドを並行して発行した。レーベル下縁にTHE JAPAN-AMERICAN PHONOGRAPH MFG. Co., LTD.という社名が記載されている。

◆SYMPHONY（シンフォニー／天使印　二円）
◆UNIVARSAL（ユニバーサル／半球印　一円）
◆AMERICAN（アメリカン／鷲印　一円二十五銭）
◆ROYAL（ローヤル／獅子印　一円五十銭）
◆GLOBE（グローブ　一円二十五銭）

一九一〇（明治四三）年、株式会社日本蓄音器商会が設立されて日米蓄は吸収合併された。これ以降、商号はNIPPONOPHONECOMPANYになる。一九一五（大正四）年、五種のレーベルは廃止され、ニッポノホンに統一された。

国内大手レコード会社の場合はメインレーベル（＝フラッグシップ・レーベル）のほかにサブレーベル（傍系レーベル）がある。日本にはマイナーレーベルも数多く存在するが、サブレーベルと親元のレーベルの関連を覚えておくと便利である。国内の主なメインレーベルとサブレーベルの関係は次のとおり。

◆ニッポノホン（大正期）
オリエント、合同蓄音器株式会社（ヒコーキ、ライオン、孔雀、フジサン）

◆コロムビア
イーグル、オリエント、ヒコーキ、リーガル。イーグル、オリエントとヒコーキは一九三二年十一月新譜を最期に廃止され、廉価レーベルとしてリーガル（一九三三年一月新譜～四三年三月新譜）が新設された。(4)
◆ビクター
ジュニア（一九三二年十一月～三七年六月新譜／J‐10000番台　一円）
スター（一九三七年七月～三八年五月新譜／S‐10000番台　一円）
浪花節大衆盤（一九三五年二月新譜～三七年六月新譜／J‐20000番台　一円）
児童レコード（一九三五年二月新譜～三八年十月新譜／J‐30000番台　二枚一円五十銭）
このほか長時間レコード（一九三二年十二月新譜～三五年三月新譜　三円～五円）がある。
◆ポリドール（一円五十銭・二円・二円五十銭）
緑盤（一九三二年二月新譜より／3500～3800番台　一円二十銭）
茶色盤（一九三六年一月新譜より／8000番台　一円）
藍盤　（一九三八年十月新譜より／8950番台、9000番台　一円十銭）
コロナ（一九三七年一月新譜～同年九月新譜／一円）
◆タイヘイ
キリン（一九三一年より／五十銭）
コメット（一九三四年十二月より／六十銭）
◆ツル
サンデー（六十銭）

ルモンド（五枚一組・一円五十銭）
このほかサロン、シスターなど。

◆テイチク
スタンダード（五十銭）
福助
東郷（一円）

②意匠（レーベルデザイン）

トレードマーク、ロゴとともにレコードの顔となる要素である。基本的に各レーベルで統一された規格のデザインが用いられるが、企画によって特別にデザインされることもある。たとえば日本ポリドールは一九三八年以降、レーベルに歌手の顔など図柄をあしらった写真盤を毎月の主力レコードに適用した。コロムビアは映画主題歌のレーベルにしばしば写真を使った。特に話題になったのは、中原淳一がレーベルと歌詞カードのデザインに起用された「小雨の丘」（サトウ・ハチロー＝作詞、服部良一＝作曲。小夜福子＝唄　100060／一九四〇年八月新譜）である。リーガル、タイヘイも同じように写真盤を発行した。懸賞当選歌のレコードにも個別のデザインが施されることが多かった。そうした特別デザインは別として各社のレーベルの意匠には変遷があり、以下に述べる項目とともにマイナーチェンジまで含めて観察することで製造時期を絞り込むことができる。出張録音から昭和期の諸レーベルの意匠変遷に関しては一九九〇年から『レコード・コレクターズ』誌に連載された岡田則夫「続・蒐集奇談」で網羅されており、現在でも教科書的な存在である。

意匠ではないが、レーベルの大きさも重要である。概して古い時代のレコードはレーベルが大きい。例外として大正期でも後半に差し掛かると、録音に手慣れて収録時間を目いっぱいに詰め込もうとがんばった結果、レーベルが小さくなったニッポノホン盤があったりする。昭和期はメーカーによってまちまちである。コロムビア、イーグル、オリエント、ヒコーキは一九三〇年を目処にレーベルの大きさが小ぶりになる。ポリドールは一九三三年、ビクターは一九三五年まで大きいサイズのレーベルが使われている。ニットーも一九三四年ごろまで大きいサイズのレーベルが見られるが、タイヘイと合併する直前には小さなサイズのほうが多い。いずれの場合も、収録時間の関係で小ぶりなサイズが使われるのは大正期と同様である。大きいレーベルを見たら昭和初期以前と見て間違いはない。

③製造会社および発行元

多くのレコードは下縁部に製造会社や発行元が明示されている。主な商業レーベルは発行元＝製造元である。同一の会社でも社名表記に変遷が見られる場合がある。

●日本コロムビア、日本ビクター

一九三四年十月新譜からレーベル下縁に発行元のNIPPONOPHONE CO. LTD.（株式会社日本蓄音器商会）が表記された。一九四三年三月発売分より終戦まで日蓄工業株式会社と表記される。[5] 終戦後、一九四六年四月に社名が日本コロムビアとなるまではNITCHIKU KOGYO K. K.という表記が使われた。コロムビアの意匠変遷については大西秀紀『ＳＰレコードレーベルに見る日蓄――日本コロムビアの歴史』（京都市立芸術大学日本伝統音楽研究センター）が詳しい。この内容は日本伝統音楽研究センターのサイト上にある伝音アーカイブズでも閲覧可能である（二〇二一年四月現在）。

日本ビクターは、一九二八年の創立時から一九三四年八月新譜まで社名表記がVICTOR TALKING MACHINE Co. of Japan, Ltd. で、同年九月新譜より日本ビクター蓄音器株式会社となる。一九四四年一月新譜より終戦まで日本音響株式会社と表記される。日本コロムビア、日本ビクターの意匠と表記の変遷を表にした［表1、2］。

●日本ポリドール、キング、テイチク、大日本、太陽

日本ポリドールは最初期はレーベル中央ロゴの下にNIPPON POLYDOR CHIKUONKI CO. LTD. と示された。一九二九年後半から社名はレーベル下縁（ただしアーティストの顔写真や図柄を配した写真盤の場合は上縁）に移動する。一九四二年二月に商標が大東亜レコードに変更され、下縁の社名表記も大東亜蓄音器レコード株式会社となる。戦後、一九四七年からはPOLYDOR TALKING MACHINE CO. LTD. となる。一九五三年に社名が日本ポリドール株式会社となって以降、表記もJAPAN POLYDOR CO. LTD. に変更される。

キングレコードの場合、ポリドールが製作・製造していた時期（一九三一～三六年）は社名表記もポリドールに準じた。一九三六年にレーベルとして独立して以降、レーベル下縁に大日本雄弁会講談社と表記された。戦時下の一九四三年五月に商標が富士音盤となっても社名表記は変わらない。戦後は一九四七年以降、キング音響株式会社の社名が入る。

テイチクは一九三一年に合資会社帝国蓄音器商会として発足し、その翌年からレコードを製造販売しはじめた。レーベル下縁の表記はTEICHIKU GRAMOPHONE CO. LTD. であった。一九三四年に帝国蓄音器株式会社となり、表記もTEIKOKUCHIKUONKI KABUSIKIKAISHA となった。一九三五年六月新譜からはTEIKOKU GRAMOPHONE CO. LTD. に変わる。この表記は比較的長く続き、一九四〇年五月新譜から

表1 表記の変遷　ビクター（戦前）

年代	意匠	表記
1928 ～ 36	スクロール・レーベル	商標下部に "HIS MASTERS VOICE" TRADE MARK REG. レーベル下縁に VICTOR TALKING MACHINE CO. of Japan, Ltd.
1934 ～ 40	スクロール・レーベル	レーベル下縁に 日本ビクター蓄音器株式会社 横濱・著作権者
1935 ～	スクロール・レーベル	A面B面の表示を廃止
1935 ～ 37	スクロール・レーベル	商標上部に Orthophonic Recording 下部に "HIS MASTERS VOICE"
1938 ～ 40	スクロール・レーベル	商標上部に RCA Victor High Fidelity Recording 下部に "HIS MASTERS VOICE"
1940 ～ 45	サーキュラー・レーベル	商標下部に "HIS MASTERS VOICE" 公定価格の区分を示すビクター独自の記号がレーベル上部に示される

表2 表記の変遷　コロムビア（戦前）

年代	意匠	表記
1928 ～ 34	コロムビア	中央左肩に Electrical Process、右肩に電気吹込 （アコースティック録音の旧譜の場合はナシ） 商標下部にニュープロセスレコード
1934 ～ 43	コロムビア	商標下部の表記が Viva-tonal Recording に
1936	コロムビア	A面B面の表示を廃止
1934 ～ 42	コロムビア	レーベル下縁に MADE BY NIPPONOPHONE CO.LTD, KAWASAKI, JAPAN
1943 ～ 45	ニッチク	レーベル下縁の標記が川崎市 日蓄工業株式会社 製造に 公定価格の規格番号がレーベル上部に記される
1944 ～ 45	ニッチク	レコード番号がレーベル下部から中央左肩へ移動

採り入れられた新デザインでMADE IN JAPANがMADE IN NIPPONとマイナーチェンジするくらいである。ちなみにテイチクのロゴは一九三七年十二月以降、TEICHIKUからTEITIKUと訓令読みの表記になっている。一九四三年七月頃からTEIKOKU TIKUONKI K. K.になり、一九四四年五月に社名が帝蓄工業株式会社に変更されるがレーベル上の表記はそのままで終戦を迎える。この社名は戦後の表記に反映されてTEICHIKU KOOGYOO CO. LTD.となる。一九五三年四月にテイチク株式会社に社名変更して以降はTEICHIKU RECORDSCO. LTD.に落ち着く。社名変更はすぐにレーベル上の表期に反映されることが多いが、テイチクは旧社名を引きずることもあるので注意が必要だ。

関西の二大レーベル、日東蓄音器株式会社と太平蓄音器株式会社は一九三六年十一月に合併して大日本蓄音器株式会社となる。合併したあとも新しいデザインのレーベルに切り替わるまでしばらくは合併前の意匠で社名だけ変更したレーベルを用いた。これに似た例が太陽蓄音器株式会社（太陽蓄）である。同社は一九三一年七月に設立され、翌年四月新譜から太陽レコードを発売した。一九三三年十二月に破産して以降は蒲田の工場内に設立された東京レコード製作所が業務を引き継ぎ、ニュー・タイヨー、ヤヨイ、ハッピーなどのレーベルを発行した。それに従ってレーベル下縁部の社名もTOKYO RECORD M. F. CO.あるいはTOKYO RECORD CO.となっている。ただしニュー・タイヨーは太陽蓄の末期から発行されたので社名もTAIYO PHONOGRAPH CO. LTD.と東京レコード製作所が入り混じっている。分かりやすい見分け方はロゴのタイヨーが大文字のNew Taiyoなら太陽蓄、小文字でNew taiyoだと東京レコード製作所である。

書籍出版と同様、レコードの発行元と製造会社は異なる場合がある。そのほとんどは委託製造である。大手レコード会社はもとより、とりわけレコード製造設備を有する中小レコード会社にとってはさまざまな発行元から請け負う委託プレス（請負プレスともいう）も重要な収入源だった。京都のショーチク、名古屋のアサヒ蓄、東京のオーゴン、東京レコード製作所は請負プレスを数多く手掛けたレーベルである。そうした製造会社の情報もレーベルの下縁部に記されていることが多い。一例としてセンターレコードを取り上げよう。センターは関西のレコード卸業の大手、中西商会が発行していたレーベルである。発行時期によって第一期（一九三二〜三五年ごろ）と第二期（一九三七年ごろ）に分かれる。第一期はオーゴン、ショーチク、コッカなどが製造した**［写真4］**。第二期は主としてアサヒ蓄が販売したが、製造会社はアサヒ蓄と福永レコードプロダクション（ＦＲＰ）の二種ある。第一期と第二期は意匠の違いで判別し、第二期の製造会社の違いはレーベル下部のマークで判別する。アサヒ蓄はＡ、福永レコードプロダクションはＦＲＰのロゴが表示されている**［写真5］**。

④商品番号・Ａ面Ｂ面

各レーベルで規定されたナンバーシステムにより、レコードには固有の商品番号が与えられている。カタログ・ナンバー、発売番号、注文番号ともいう。総じてレコード番号といえば、この商品番号を指す。番号のみのこともあれば、記号がつくこともある。大手レーベルの場合はジャンルや価格帯によってさまざまなシリーズ・ナンバーが用意されている。時代によってナンバーシステムの変遷が見られ、慣れれば商品番号から発売時期の目星をつけることができる。主要レーベルの邦楽盤のナンバーをざっくりまとめよう。

写真4　第一期センター

写真5　第二期センターの判別
アサヒ蓄（左）と福永レコードプロダクション（右）

◆日本コロムビア邦楽盤は25000番台（黒盤）からはじまり、一九四〇年に100000番台（赤スダレ盤）にジャンプする。ほかに教育盤（33000番台）、青盤（35000番台）、紫盤（4500番台）、白盤（公的録音、A番台）、茶色盤（限定頒布・私家盤、A番台）、AK盤（放送用録音）などがある。

◆日本ビクター黒盤は50000番台ではじまり、J－54000番台（一九三七年〜）、A－4000番台（一九四〇年〜）と変遷する。サブレーベルについては131頁を参照

◆ポリドールは100番台（黒盤）ではじまる。一九四〇年にP5000番台（赤盤）に移る。

レコードがアルバム物の場合、商品番号とは別にセット番号がレーベルに記載されることもあった。日本ビクターの洋楽はJASやMをプレフィックスとするセット番号がレーベル左肩に置かれた。ポリドールでも国内録音のクラシック音楽や歌舞伎・朗読のアルバムはNCシリーズとNシリーズのセット番号が商品番号の下に表記された。

商品番号に続けて、レコードの面ごとにA、Bの記号がつけられることが多い。大正期のニッポノホンは一九二三（大正十二）年四月以降にA面B面がつく。昭和期のレーベルはA面B面表示があるのが標準だったが、昭和十年前後に邦楽盤に限って各レーベル一斉に表示を廃止した。これは両面とも自信を持って売り出したいという商策上の考えからだろう。

コロムビア………一九三六年七月新譜から廃止
ビクター………一九三五年七月新譜から廃止

ポリドール……一九三五年七月新譜から廃止
テイチク……一九三五年五月に新設した５０００番台から廃止

ただし社内では管理上A面B面の区別が必要だったようだ。コロムビアは面表示廃止後、レーベルに記載する原盤番号の頭に1をつけてA面を、2をつけてB面を示した。ポリドールは商品番号の刻印にA・Bをつけて区別した。タイヘイは一九三五年七月から一九三八年まで☽と☆で面の区別をした。☽がA面、☆がB面という扱いである。変わった例では、アメリカ・エジソン社のダイヤモンドディスクがLとRで面を区別した。これはレコードが縦置きで自社の蓄音機に収納されることを前提とした面捌きである。

戦前メジャーレーベル六社の商品番号を表にした［表3］。

⑤面番号（フェース・ナンバー）

海外のレコードにはしばしば商品番号とは別に、面番号が付されていることがある。この番号はフェース・ナンバーとも呼ばれる。面番号は一面ごとに付されるナンバーで、片面レコード時代はこれが商品番号だった。グラモフォン社の場合、10インチ盤は五桁のカタログ番号で、国別コード、演奏形態のコード、それから残りの三桁に録音の固有ナンバーが充てられた。12インチの場合は頭に0をつけて六桁の数字となる。固有番号が９９９番に達すると2-ｎｎｎx、3-ｎｎｎxとシリーズ番号が累進した。レコードが両面となってからは両面共通の商品番号がつけられ、面ごとの固有番号である面番号は重要視されなくなった。原盤番号とぶつかるためである。にもかかわらず欧米では一面ごとに面番号が与えられる慣習が続いた。商品番号と面番号がレーベルに同居しているとややこしく感じるが、両面で番号が異なるのが面番号、共通しているのが商

表3 商品番号

	コロムビア	ビクター	ポリドール	キング	テイチク	タイヘイ
1928年	24000～	50242～				
1930年			100～			3000～6093 (1935年まで)
1931年				K-1～		
1932年					5000～6380 (1936年まで)	
1933年			～1500		15000～15398 (1936年まで)	
1934年			2000～			
1935年					50000～50590 (1936年まで)	～6093 56000～56722 (1937年まで)
1936年				～K-598 10001～10180 (1937年まで)	1000～3038 (1942年まで)	21001～21381 (1838年まで)
1937年		～53999 J-54000～		20001～20160 (1938年まで)	N-101～N-667 (1942年まで)	
1938年						10001～11065 (1940年まで)
1939年		～J-54800		30001～30127	A-1～A-834 (1943年まで)	R-1001～R-1082
1940年	～30643 100000～	A-4000～	～2924 P-5000～	40001～40041 (1940年まで) 47001～47047 (1941年まで)	T-3000～ X-5000～	G-40001 ～G-40136 30001～30073 (ともに1941年まで)
1941年				57001～57088		
1942年				67001～		(キングの西宮工場となる)
1943年			～P-5374	～67079 と-300～	～T-3458	
1944年		～A-4500	～P5445	～と-525		
1945年	～100920			～と-535	X-5098～X-5124	
1946年	A1～			C-72～	5～	
1947年		V-40001～	7523～(録音は前年)			
1950年						H-10044～

品番号と覚えればよい。

気をつける点として、独グラモフォンなど一部のレーベルは面番号をカタログ番号と呼んでいるので、一般的なカタログ番号（商品番号）と間違わないようにしなければならない。

日本ではニッポノホンの初期の両面盤、内外レコード、トーアなどで一面ごとに番号が割り当てられる面番号の形式を踏襲した。しかし商品管理が厄介だったのか、ニッポノホンは一九二〇年ごろに両面共通の商品番号をレーベルの上部（商標のあたり）に追加するようになり、一九二三年から１５０００番台の両面共通ナンバーを商品番号として使用しはじめた。昭和期に設立された諸レーベルは両面共通の商品番号で統一され、面番号のシステムは日本に定着しなかった。

⑥原盤番号

マトリックス・ナンバーともいう。個々の録音に与えられる固有の番号で、商品番号の下などに小さく記載されることがある。海外のレーベルは原則としてレーベル上に商品番号と併せて原盤番号も表示した。日本の場合、コロムビア、ポリドールの初期の洋楽、テイチク、キングなどはレーベル上に表示した。日本ビクターはアメリカ・ビクターにならってレーベル上には商品番号のみ記載したが、一九二九年三月あたりから原盤番号も入れるようになった。原盤番号については内容が重複するので刻印の項目で詳述しよう。

⑦そのほかの表示

価格

レーベルに価格を表示した例はしばしばある。米コロムビアはポピュラーな価格帯の「マジック・ノーツ」（一九〇八〜一七年）「ゴールドバンド」（一九一七〜二三年）やハイエンドクラスの「シンフォニー・シリーズ」（一九〇六〜二三年）「フラッグ・デザイン」（一九二三〜二七年）に価格を表示していた。(6)

マジック・ノーツ（10インチ）…米国内一ドル、カナダは一ドル五十セント
ゴールドバンド（10インチ）……米国内八十五セント、カナダは九十五セント
シンフォニー（12インチ）…………一ドル〜七ドル六十セント
フラッグ・デザイン…………………二ドル（ただし価格表示のないレコードも多い）

これら価格を表示したレーベルは下縁に「ここに印刷されている価格よりも安い値段で米国内で再販しないこと」という注意書きが示されている。

米ビクターは価格表示がほとんどないが、「パテンツ・レーベル」（一九〇八〜一三年）と「ウイング・レーベル」（一九一四〜二六年）の一部は例外である。パテンツ・レーベルはホール（中心孔）の周囲を価格表示がぐるっと囲んでいる。後継デザインであるウイング・レーベルでも、一九一七年から一九一九年に製造されたレコードには価格が記載された。(7)

ヨーロッパには価格表示をしたレーベルは少ない。そのなかでドイツ・グラモフォン社は一九一〇年代から

三〇年代まで、トレードマーク下の左右に4m、2などと価格を記していた。mは12インチ盤の印である。世界大戦後のハイパーインフレーション時代、標準的なレコードの価格は4マルク（12インチ）、2マルク（10インチ）であった。1マルクは現在の貨幣価値に換算して二千円に相当するといわれるので、一枚八千円、四千円になる。その当時ドイツでもっとも高いレコードはなんと一枚二十マルク。一枚四万円だ。この価格帯に格付けされたのはソプラノ歌手のフリーダ・ヘンペルとマリア・イヴォーギュン、バス歌手のミハエル・ボーネンだった。[8] 国敗れてもオペラありで、大衆のオペラ人気を反映した格付けなのである。

日本では、テイチクの初期盤やオーゴン盤に「本盤ニ限リ35銭」「宣伝盤に付金四拾銭」などと書かれていることがある。それにはいきさつがある。一九三二年六月、関西の百貨店がレコードの安売りセールをおこなった。当時、レコードの標準的な価格帯は一枚一円五十銭だったのを、一円二十銭に値引きしたのである。レコードメーカーと都市部の蓄音器レコード組合は廉売をおこなった小売店に罰則を設けるなど、定価販売を厳格化した。この期に乗じて、テイチク、オーゴン、タイヘイなど当時「夜店レコード」と呼ばれたメーカーはいち早く「宣伝盤」「見本盤」「特別謝恩盤」などと銘打って破格に安い価格のレコードを売り出したのだ。レーベルに書かれた価格が正価ですよ、という主張である。この廉売騒動は結果的に大手レーベルが一枚八十銭のリーガル（コロムビア）、一円のジュニア（ビクター）などの廉価盤を新設することで折り合いがついた［写真6］。

写真6 安価を強調する表示（オーゴン、スタンダード）

特許

二十世紀初頭は発明品の開発ラッシュに明け暮れ、自己宣伝と特許紛争の絶えない時代であった。蓄音機やレコードの分野もエジソン、ベルリナー、ベッティーニを筆頭に日進

写真8 シンフォニー・シリーズ（米コロムビア）

写真7 独オデオン

月歩の開発で音質・音量の向上、取り扱いの簡便さが進んでいた。ライバル会社より少しでも優れたレコードの製法が見つかれば、もちろんそれはすぐに特許申請された。インターナショナル・トーキングマシン社が開発した両面盤がそうである。一九〇四年に同社のオデオンが両面盤を発売すると、すぐに米コロムビアが追随したが、オデオンは特許を盾にして発売中止に追い込んだ。米コロムビアは一九〇八年になってようやく独オデオンおよび伊フォノティピアと合意して両社の録音をアメリカで販売することに成功した。さらに米コロムビアの出資で両面盤レーベルの「レナ」（RENA）が設立された。この動きに脅威を覚えたビクター（片面盤の在庫を大量に抱えていた）はオデオンの両面盤特許を取得し、米コロムビアを特許侵害で訴えた。係争によって結果的にアメリカのレコード界は両面化が進んだ。

この両面盤の例に見るように、各レコード会社は自社の保有する特許を担保に他社による製法の模倣を糾弾した。いかなる特許がすでに取得されているかを誇示するため、レーベルにはパテント・ナンバーが麗麗と列記された。たとえばオデオンにはスイス、スペイン、イタリア、カナダ、トルコ、ブラジルで取得したパテントの番号が記載されている［写真7］。コロムビアのシンフォニー・シリーズはレーベルに特許を取得した日付を並べ、それだけでは足りないと思ったのかパリ万国博覧会（一九〇〇年）、セントルイス万博（一九〇四年）、ミラノ万博（一九〇六年）でグランプリを獲得した旨を、レーベルを横切るトリコロールのリボンに列記している。さらに意匠の著作権まで明記する念の入れようだ［写真8］。

ビクターのパテンツ・レーベルは文字通り、ぎっしりと詰まった特許情報が圧倒的な印象を与える。五行の特許情報（一九〇八～一〇年）、三行の特許情報（一九一〇～一三年）の二タイプに分けられる。このタイプがコロムビアのシンフォニー・シリーズに対抗して新設されたのは明らかで、レーベル上弦には汎アメリカ博覧会（バッファロー　一九〇一年）、セントルイス万博（一九〇四年）、ルイス・クラーク百周年記念万博（ポートランド　一九〇五年）でグランプリを獲得した賞歴が誇らしく掲げられている。

権利関係

欧米のレコードの場合、録音楽曲の版権を有する楽譜出版社のロゴが記載されていたり、印紙が貼付されていたりすることがよくある。フランスのサラベール社、イタリアのリコルディ社など楽譜出版社の印紙や表記はしばしば欧米のレーベル上で見受けられる[9]【写真9】。

著作権団体の印紙もまたしばしば見かける。ＡＭＭＲＥ（Anstalt für mechanisch - musikalischeRechteGmbH　機械的複製による音楽の権利機関）が一九〇九年に設立され、広くヨーロッパのレコードに貼付された。英国では一九二四年にＭＣＰＳ（The Mechanical Copyright Protection Society　機械的著作権保護協会）が設立されて、英国とオーストラリアのレコードに印紙が貼られた。

一九二九年にはパリに録音権協会国際事務局が設けられた。ヨーロッパの近代楽曲の録音権を司る団体である。音楽レコードの多くは、その略称であるＢＩＥＭの文字を入れることとなった。日本では一九三一年以降の洋楽のレコードで、ヨーロッパに於いて録音権が保護されているテイクについてＢＩＥＭの文字が入

イタリアの音楽出版リコルディ社

英国の音楽出版フランシス、デイ＆ハンター社

写真9　楽譜出版社の表示

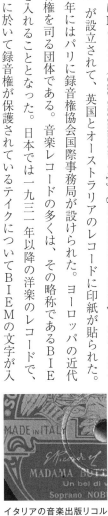

れられた。片面にＢＩＥＭがあって片面にない、という事例はよくある。このほか著作権関連の表記として、「ＣＯＰＹＲＩＧＨＴ　ＣＯＮＴＲＯＬ」（著作権管理社不在を意味する）のロゴが入ることもあった［写真10］。

ドイツ盤のAMMRE

BIEMの前身 EDIFO

日本コロムビアのBIEM表示例

Copyright Controlの例（日本コロムビア）

日本ビクターのBIEM表示例

MCPSの前身MECOLICO

テイチクはBIEMシールを貼付

オーストリア向けに貼られたBIEMとAMMREの表示

写真10　権利団体の表示

貼付物（シール）

日本でレーベル上に貼られることが多かったのはレコード小売店や蓄音器レコード組合のシール、メーカーが貼った贈呈用のシール、蔵書票のレコード版、整理のために貼る数字票、北支事変特別税法の施行後に貼られた報国票などである。これもレコードがたどった歴史であるから剥《は》がさずに保存するのがよいだろう［写真11］。

また海外からＳＰレコードを輸入する際、三十年ほど前は商標の上に紙片を貼って隠さねばならなかった。犬のマークや二連音符のマークの会社はレコード発行時と輸入時では経営母体が異なっており、国内の商標権を侵害するということでこのような措置が取られたのである。[10]

コレクション整理用のシール

小売店のシール

文部省推薦レコード票

デトロイト公立図書館の所蔵票

三重県蓄音器小売商組合

小売店のシール

写真11 貼付されたシール

セールスポイント

マイクロフォンと増幅アンプを用いた電気録音は画期的な技術革新であったから、昭和初期にはレーベル上に表示される「電気録音」という言葉そのものがセールスポイントとなった。ポリドール、ビクター、コロムビアは創業当初、アコースティック録音の旧譜と電気録音による新譜を混交してリリースしたので、その区別という実用的な意味も持っていた。

ビクターのスクロールレーベルで上下の枠内にVEの文字があるのは電気録音を示している。電気録音が標準となると、ビクターは一九三五年十月新譜からトレードマークの上にOrthophonic Recording の字を入れた。一九三八年一月新譜からはRCA Victor High Fidelity Recording に替わった。これは録音方式の変遷に従っている。[11]

コロムビアは一九三四年七月新譜分から「ニュープロセス レコード」と「電気吹込 ELECTRICAL PROCESS」に替わって「Viva-tonal Recording」という表記となった。

日本ポリドールの場合は少々ややこしい。原盤供給元の独グラモフォン社は一九二六年、米ブランズウィック社が開発したライト・レイ（Light-ray）方式の光学電気録音システムを採用した。しかしこの録音方式にみられる音の歪《ひず》みとダイナミックレンジの狭さを克服することができなかったため一九二七年初めにウエスターン・エレクトリック社のシステムに乗り換え、これをポリファー式レコーディングと謳《うた》った。ちょうどそんなタイミングで設立された日本ポリドールは、一九二七年五月新譜の第一回発売よりライト・レイ方式の電気録音とアコースティック録音をまぜこぜにして発売した。同年十一月の第五回発売からポリファー式録音のレコードを投入し、徐々にライト・レイ方式から切り替えた。ドイツ本社でも新方式による再録音を急ピッチで進めていたのである。目録とレーベル上では、アコースティック録音はプレフィックスなしの商品番号、ライト・レイ方式の電気録音はⒺ、ポリファー方式は▼Pのプレフィックスを冠するので分かりやすい［写真12］。

そのほか

稀にだが、録音年月日がレーベル上（あるいは刻印）に記載されていることがある。大正期のニットーの邦楽録音や、ラジオ放送をカッティングしたレコードなどに見られる［写真13］。また、記念録音の場合も録音の日付を入れることがしばしばある。より珍しい表記として、録音技師の名を記載することがある。ミリオンレコード（ミリオン蓄音器商会発行）には録音監督として加島斌《たけし》（元ポリドール吹込技師）の名が記されていた。一般的に録音技師は原盤番号のプレフィックスやサフィックスに識別コードとして記録される。ミリオンの場合は、レーベル上に技師名を表記することで技術的信頼をアピールしたのだろう。同種の表記として、ほかには湯地敬吾の例がある。国産ディスク式レコードの技術を開発した湯地敬吾は大正期のヴァイオリニスト窪兼雅の独奏な

写真12 ポリドール　録音方式を区別する記号

写真13 録音年月日の表示されたレーベル（ニットー　長唄「吾妻八景」吉住小三郎 1424 ~ 1426 / 1925 年 2 月新譜）

ど私的録音をたびたびおこなった。乃木希典の肉声録音（一九三〇年に日本ビクターでディスク化）を明治期におこなったことでも知られている。その湯地が明治天皇のために録音し献上した謡曲「田村」（笠五朗、桜間金太郎　於細川護立邸）、演説「元寇記念碑と護国幼年会」（湯地丈雄作）、朗吟「元寇軍歌、元寇反撃懐古七言絶句」（湯地丈雄作）、筑前琵琶「桜井之駅」（橘旭翁）、朗吟「元田東野詩作」（北村信篤）、のレコード（無銘）には湯地敬吾謹刻と記されている。日本レコード史に名を刻む人物にまつわる表記として興味深い。

Ⅱ 刻印情報を読む

レコード盤の無溝部（ブランク）には録音データや製品の属性を示す刻印が印されていることが多い。また、レーベル部に刻印が捺されていることもある。刻印にはどんな種類があるだろうか。
刻印は大別して、録音に関係するものと、製造に関係するものの二種がある。

録音に関するデータ

商品番号（カタログ・ナンバー）

明治末期から大正期の日米蓄、日蓄盤はブランク（無溝）部分の十二時の位置に商品番号を刻印していた。これはのちに六時の方向に移る。ニットーなど多くの後発レーベルはこれに習い、おおむね六時の位置に商品番号を刻印した。

初期の日本ビクター盤（一九二八～二九年）も六時の位置に商品番号を刻印していた。これはアメリカ・ビクターの方式に従っている。初期の日本コロムビア洋楽盤とポリドールは十二時の位置に商品番号を置いた。テイチク、ニットー、タイヘイ、そのほかマイナーレーベル多数は、おおむね六時の位置に商品番号を刻印している。

写真14 再発レコードは古い商品番号が残される（ポリドール）

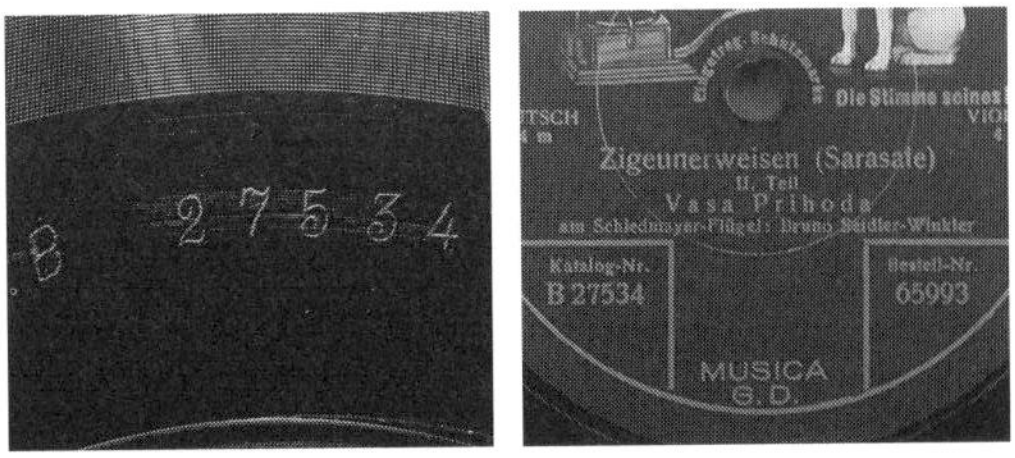

写真15 独グラモフォンの面番号
12時方向の刻印（左）とレーベル上の表記（右）

海外のレコードは片面盤時代、商品番号＝面番号だったので、面番号と原盤番号が刻印されていた。両面盤になってからもこの慣習は多くのレーベルで続いた。独グラモフォンも面番号を刻印していたが、一九三〇年代に商品番号を刻印するようになった。再発時は初出の番号を残したまま新しい商品番号を刻印することもあり、何度も版を重ねたレコードはブランクが賑やかなことになる［写真14］。

面番号（フェース・ナンバー）

海外のレコードは先に述べたように面番号をつける慣習が続いたのでHMV、独グラモフォン、コロムビア系は一九三〇年半ばまで面番号を刻印していた。いずれのレーベルでも十二時の位置に刻印することが多い［写真15］。米ビクター録音がヨーロッパのグラモフォン系列社でプレスされる場合、米ビクターの商品番号とグラモフォン社で付与された面番号が十二時の方向に刻印された。

原盤番号（マトリックス・ナンバー）

面番号には国籍やジャンルといった情報が付加されたが、マトリックス・ナンバーは内容にかかわらずスタジオでの録音順に与えられる番号で、戸籍でいえば出生地や出生年月日のようなものである。マトリックス・ナンバー、マスター・ナンバーとも呼ばれる。一九〇〇年代のG&T時代にはすでに完璧なナンバーシステムが確立されていた。シリアル番号（一つの録音に与えられるナンバー）にリ

写真17 2A78974◇

写真16 2EA4856 Ⅱ

フィックス（接尾辞）を組み合わせて録音地や収録内容のジャンル、録音技師まで原盤番号に固定したのだ。その後、レコード産業の発展とともにプレフィックス（接頭辞）もつけられるようになった。たとえばフレッド・ガイスバーグが一九〇二年秋から翌年八月にかけておこなった出張録音（日本も含まれる）にはＥのプレフィックスが付与された。

グラモフォン社は電気録音時代にその方式を最大限活用した。たとえば２ＥＡ４８５６Ⅱ□という原盤番号がある。サンプルに用いたのは日本ビクターのＪＤ－１３３５－Ａである。[12] 冒頭の２は12インチを意味する。ここが０の場合は10インチである。ＥＡはＨＭＶ（英国グラモフォン）のスタジオ。シリアル番号４８５６のあとのⅡはテイク、□はブルームライン・システムという録音方式を表している。ここが△の場合はウエスターン・エレクトリック社の移動録音システム（スタジオを飛び出してよそのホールやスタジオでおこなう出張録音）、◇はウエスターン・エレクトリック社のダイナミックレンジ録音システムを指すのである。ちなみにこのレコード、米ビクター盤では記号は省かれ、シリアル番号４８５６とテイクナンバーのⅡが刻印されるに留まった。用いられる原盤は同一でも国によって刻印の書式が異なるのである【写真16】。

このレコードのカップリング、ＪＤ－１３３５－Ｂは２Ａ７８９７４◇という原盤番号である。[13] 記号のＡはアメリカ録音を意味する。◇はウエスターン・エレクトリック社のダイナミックレンジ録音システムということになる。同じレコードの裏表でこのようにスタジオや録音システムが異なることも多々ある【写真17】。

米コロムビアはアコースティック録音期から電気録音期を通して、五桁から六桁の原盤番号を盤面に刻印した。英国コロムビアの場合、一九一〇年代は五桁の数字で、一九二三年からＡＸ（12インチ）とＡ（10インチ）

のプレフィックスを持つシリアル番号に変わった。電気録音に移行するとＣＡＸ、ＷＡＸ（12インチ）、ＣＡ、ＷＡ（10インチ）のプレフィックスを使った。ＨＭＶとコロムビアは一九三一年に合併してＥＭＩとなるが、ＨＭＶとコロムビアの刻印情報はそれぞれ従来のシステムが保持された。

米ビクターはアコースティック録音期を通して商品番号しか盤面に刻印されなかった。例外として、片面盤～両面盤のアコースティック録音で商品番号のサフィックスに王冠がある場合はヨーロッパ録音を意味する。[14] 電気録音期には、ヨーロッパ録音の場合はレーベルにその旨が記され、刻印にもアメリカ盤の商品番号とともにグラモフォン社系の原盤番号、面番号が刻印された。米ビクターの原盤番号はＢ（アコースティック録音の10インチ）、Ｃ（アコースティック録音の12インチ）、ＢＶＥ（電気録音の10インチ）、ＣＶＥ（電気録音の12インチ）などのプレフィックスがついたシリアル番号だがこれらのプレフィックスは市販のレコードには刻印されなかった（なお黒盤は一九三〇年代半ばまで商品番号のみ刻印された）。実例で見てみよう。日本ビクターが製造したミッシャ・エルマン（ヴァイオリン）、キャロル・ホリスター（ピアノ）演奏のサラサーテ作曲「ツィゴイネルワイゼン Zigeunerweisen」（ＤＢ１５３６）の盤面に刻印された原盤番号はＡ６２２４２△とＡ６２２４３△であった。レコード内周九時の位置には、Ａ面に４、Ｂ面に８のテイク刻印が認められる【写真18】。この録音を録音台帳で照会すると、ＣＶＥ６２２４２-４、ＣＶＥ６２２４３-８となっている。[15] ビクター、コロムビア、ブランズウィック、エジソンなどアメリカのレーベルの台帳上に記された録音年月日、録音場所、発売されたレコードの商品番号（再発情報含む）などのデータは現在、ＤＡＨＲ（Discography of American Historical Recordings）のサイトで知ることができる。ネット時代の大きな恩恵だ。

写真18 Ｂ面の刻印。左がテイク番号

独グラモフォンはアコースティック録音時代はシリアル番号のサフィックスにaがつい

た。an・ap・as・av・az（12インチ）、am・ao・ar・at・ax（10インチ）などが挙げられる［写真19］。電気録音になるとシリアル番号のサフィックスはbに替わった。一九二六〜二七年の電気録音初期はbg・bm・bi（12インチ）、bh（10インチ）という原盤番号が使われた。一九二八年から、独グラモフォンのシリアル番号のサフィックスはBi 1・BE 1・GS・GE・GS 1・GE 8・GE 9・GS Ⅸ・ge Ⅸ・gs Ⅴ・GD 9・GR 9という変遷をたどる［写真20］。記号は個々の録音をおこなうエンジニアに割り当てられた略号を意味し、アラビア数字・ローマ数字はベルリン市内に点在した録音スタジオを示す（ルームⅡ〜Ⅵは住所未詳）。

1……ベルリン音楽大学のスタジオ　ルームⅠ
7……ルツォウ街七六　ルームⅦ。
8……ルツォウ街一一一　ルームⅧ
9……旧ヤコブ街三二　ルームⅨ

という具合である。たとえば原盤番号1020 ½ GS 9、1021 ½ GS9だと、一九三九年二月一日に旧ヤコブ街三二（ルームⅨ）でGS（オスカー・ブレーシェ＝録音技師の固有記号）によっておこなわれた録音である[16]［写真21］。

日本では昭和期に外資系レーベルが設立されて以降、原盤番号が刻印されるようになった。[17]アコースティック録音時代も原盤番号は存在したがそれはレーベル上や刻印では示されず、純粋に社内管理用の扱いだった。

写真19　独グラモフォンの原盤番号 1921年

写真20　独グラモフォンの原盤番号
1929年6月13日録音

写真21　独グラモフォンの原盤番号
1939年2月1日録音

それでもニッポノホンやニットーは、すべてのレコードではないがレーベル部に鉄筆で走り書きした原盤番号を認めることができる。

　コロムビア邦楽盤の原盤番号は一九二八年からＮＥ３００００番台（東京録音）、ＮＥ４００００番台（大阪録音）を用いた【写真22】。大阪吹込所（大阪市東区安土町二丁目）は一九三二年に閉鎖されるが宝塚少女歌劇団の録音などが東京録音と並行して関西でおこなわれ続け、一九四〇年代まで４００００番台が使われた。一九三二年には録音システムがＥＭＩの開発したＭＣ式録音機に替わり、それにともなってプレフィックスもＮＥからＭに替わった。しばらくＭ３００００番台が続き、一九三五年に新たにＭ２０００００番台がスタートした。以上を前提として、原盤番号から録音年を推測することができる【写真23】。

　海外原盤を用いた日本コロムビア洋楽盤は原則として、使用した原盤のデータをそのまま六時の位置に転写していた。しかし昭和十年代になると、日本のレコード再生環境に応じて音量を抑えるダビングがおこなわれた。欧米では一九三〇年代から電気蓄音機に対応したダイナミックレンジの録音がおこなわれるようになっていたが、日本ではそれだけの音量を受けきれないアコースティック蓄音機がまだまだ主流だったからである。また、昭和十年代になるとすべての原盤が金属原盤で輸入されたわけではなく、その場合はプレスされたシェラック盤からダビングによってマスター原盤を作る必要があった。そのようなダビング盤は原盤番号のプレフィックスにＤの記号がついてい

東京録音　大阪録音

写真22 コロムビア邦楽盤　原盤番号

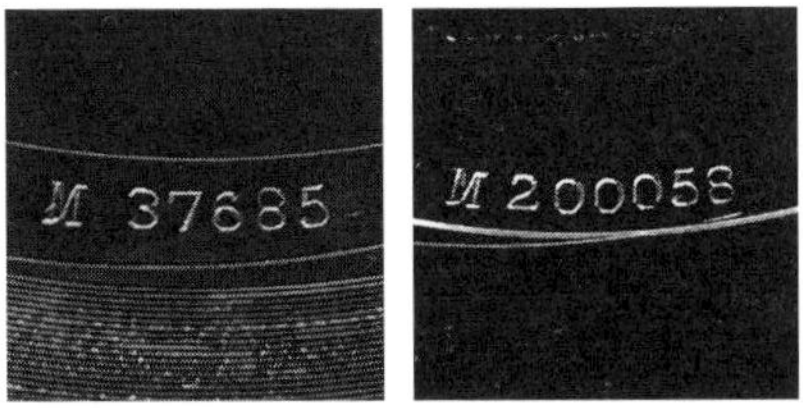

M30000 番台　M200000 番台

写真23 コロムビア邦楽盤　1932 年以降の原盤番号

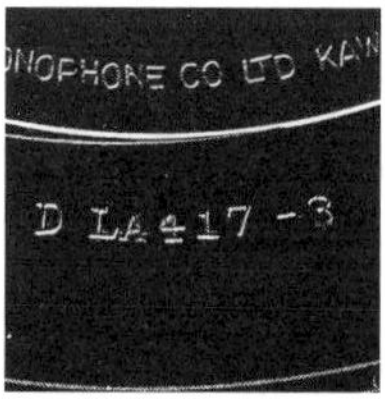

写真24　ダビング盤の原盤番号

写真25　国内録音の洋楽用原盤番号

る【写真24】。刻印の活字は日本側で新たに打ち直したものである。

ややこしいことに、日本コロムビアは一九二九年から洋楽盤の体裁（レーベルデザインと商品番号も洋楽盤に準じた）で国内録音もリリースした。日本に在住するボリス・ラス（ヴァイオリン）やレオ・シロタ（ピアノ）、来日したクララ・バット（アルト）ら外国人音楽家の録音は洋楽盤として扱われたのだ。一九三六年から一九五〇年代にかけて作られた偽装洋楽盤はこれらとは異なって、日本人による演奏であった。服部良一がハッターという偽名で発表した「夢去りぬ」（ヴィック・マックスウェル楽団、マックスウェル＝唄／JW149　一九三九年五月新譜）「待ち侘びて」（同／JW1138　一九四一年八月新譜）が有名だが、これら偽装洋盤の原盤番号にはJTWのプレフィックスが使われた[18]【写真25】。偽装洋盤は「戦時体制によって輸入原盤が不足したので国内録音で補った」という説が根強いが、それはなかば誤りである。国内録音の「洋楽盤」は一九三六年、マーク・ラス（作曲家、ピアニスト）の楽曲をレコード化するために設けられた。それがやがて服部良一や仁木他喜雄の「洋楽」、日本では紹介の場がなかったスウェーデンのタンゴ歌謡、アメリカNBCラジオで放送された古賀メロディーの編曲版を国内でレコード化、と洋楽盤に名を借りた実験場のような役割に変化していったのである。[19]このプレフィックスは戦後も一九五〇年代まで用いられた。

日本ビクターの邦楽盤は「商品番号（カタログ・ナンバー）」の項目で述べたようにはじめはブランクに商品番号を刻印していたが、一九二九年三月新譜から原盤番号を六時の位置に刻印するようになった。ビクター洋楽盤は多くの場合、商品番号を六時の位置に刻印していた。英グラモフォン原盤の場合は一時の位置に原盤番号が、商品番号の左に面番号が置かれた。一九三三年に商品番号が日本独自のナンバーシステム（JA、JD

など）となって以降は、米ビクターの商品番号が六時の位置に並んで打たれた。日本プレスのビクター盤に米ビクターの原盤番号が刻印されるのは一九三八年以降のことである［写真26］。

ポリドール邦楽盤は原盤番号のサフィックスにBFがつくのがスタンダードだが、プレフィックスのNがつくグループがある。また一九三七年だけ原盤番号にサフィックスのGDを用いている。GDは録音システムの改修にともない、代替録音機に充てられた記号だといわれている。一九三八年一月から再びBFのサフィックスに戻っている。なおポリドールもコロムビア同様、大阪吹込所（大阪市東成区桃谷一‐五七八〇）を持っていた。このスタジオは一九三四年からJOBK（NHK大阪放送局）の桃谷演奏所として使われた。

写真26 米ビクターと日本ビクターの商品番号刻印。左端は納付済刻印

写真27 テイク番号　左から独グラモフォンのテイク4刻印、日本ポリドールのテイク1刻印

テイク番号

SP時代、レコードのスタジオ録音は大概の場合、一種につき数回のテイクが取られた。演者の出来不出来による録り直しもあるが、さまざまな要因により原盤が破損することがあったので予備を取る必要があった[20]。複数のテイクのうち最良の原盤をプレスに回すのである。ヨーロッパではテイクはシリアル番号のあとに列記された。グラモフォン系はローマ数字を用いた。独グラモフォンおよびポリドールはテイクを½、⅔、¾、⅞というふうに表示した。原則として分数数字のつかないテイクがファーストテイク、分数表記は複数テイクを録音した証で、アコースティック録音期から第二次大戦末期の一九四二年まで用いられた。このテイク方式は日本ポリドールも踏襲している[21]［写真27］。

写真28　ビクターのテイク刻印

写真29　コロムビアのマスター（テイク）番号

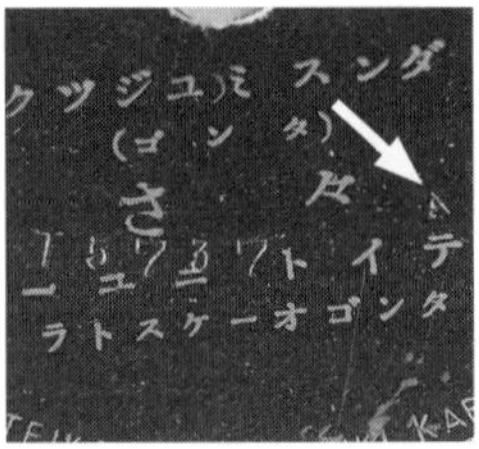

写真30　テイチクのテイク刻印

アメリカでは原盤番号とテイクを列記するほか、離れた場所にテイクを置くパターンもある。たとえば米ビクターはアコースティック録音時代から九時の位置のレーベル際にアラビア数字でテイクを刻印していた【写真28】。この方式は日本ビクターも邦楽盤で踏襲している。米ブランズウィックは面番号の刻印にテイクを付記した。

日本コロムビアの邦楽盤は十二時の位置に刻印する三連のスタンパーコードの左端にテイク数を置いた【写真29】。このテイク刻印を社内ではマスターと呼んでいる。採用したテイクからマスター原盤が作成されるからだ。おなじ日本コロムビアでも国内録音の洋楽は、欧米の系列社と同じようにシリアル番号のあとにハイフンでつないでアラビア数字のテイクを表記した。

テイチクはレーベル内のタイトル付近に原盤番号とテイク刻印を打った【写真30】。テイク1は無印で、テイクを重ねるときにA、Bのアルファベットを原盤番号に加えた。レーベルの圏内に刻印されているので見づらいのだが、テイクをチェックすることで稀にテイク違いが見つかるのだ。あるコレクターはこまめにテイクを確認して、藤山一郎の「東京ラプソディ」（門田ゆたか＝作詞、古賀政男＝作曲、高橋孝太郎＝編曲、藤山一郎＝唄、明治大学マンドリンクラブ／50338）が4テイク存在することを発見した。このほかにもテイチクはテイク違いが多いことで知られている。なぜそんなに多いかというと、レコードがヒットしたらプレスが間に合わなくなり、マスター以外に予備のため保管しておいた別テイクの原盤からもスタンパーを拵《こしら》えてどんどんプレスしたからだという。

タイヘイは兵庫県西宮に本社吹込所を、銀座に東京吹込所を持っていた。本社録音の原盤番号は五桁、東京録音は四桁の数字を用いた。本社吹込所は一九三四年にウエスターン・エレクトリック録音システムを導入し、それにともなって無溝部の十二時の位置にシリアル番号とテイク数をハイフンでつないで刻印するようになった［写真31］。タイヘイとともに関西の二大レーベルとして君臨したニットーは住吉の本社吹込所のほか、一九二五年から市ヶ谷に東京吹込所を設けた。吹込所はのちに銀座に移った。原盤番号は1からはじまる連番で、盤面には刻印されなかったものの、レーベルの下に鉄筆で記した原盤番号が稀に見つかる。一九三四年からは東京九段下の大正デパート三階と四階に東京事務所・吹込所を構えた。もともと「九段ダンスホール」だった物件で、同ホールが新橋に移転したあとにニットーが入ったのである。この新吹込所になってからNのプレフィックスが付く四桁の原盤番号を刻印しはじめた。一九三五年十一月、タイヘイとニットー、クリスタルは合併して大日本蓄音器株式会社となった。タイヘイも一九三六年一月から九段下吹込所を使い、十二時の位置にＮ４１００番台から始まる原盤番号を刻印した。またタイヘイでは東京録音にＴ１００番台の管理番号が振られ、まれに市販レコードに刻印として現れた。大日本蓄音は一九三六年二月からウエスターン・エレクトリック社とリース契約（～一九三七年八月）してウエスターン式録音システムを導入した。原盤番号周りにあるWの刻印はウエスターン式録音を意味する［写真32］。

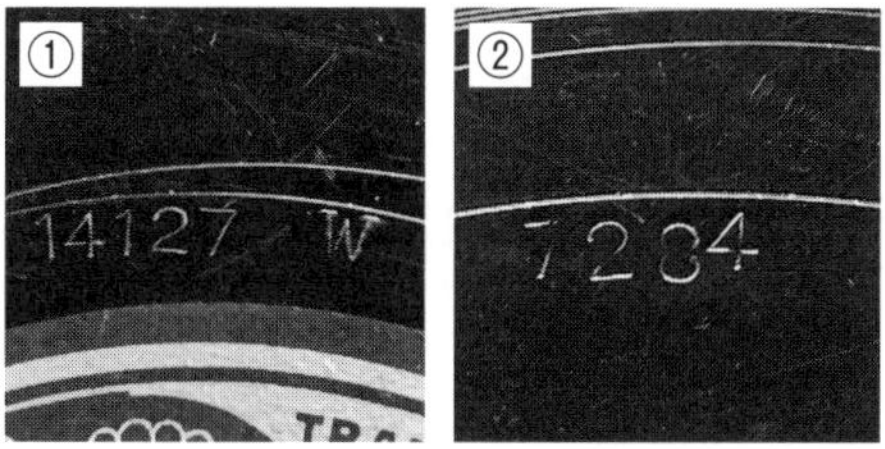

写真31　タイヘイ　原盤番号
①本社吹込所の原盤番号　②東京吹込所の原盤番号

写真32　大日本蓄・東京九段下吹込所の原盤番号

そのほかの刻印

録音に関わる刻印では以上に挙げたほか、電気録音の表示が挙げられる。ビクターは電気録音を示す記号としてＶＥが十二時の位置に刻印された。コロムビアおよびカール・リンドシュトレーム系列はウエスターン・エレクトリック社を示すＷがブランク部に刻印された。米コロムビアでは原盤番号のプレフィックスにＷをつけ、原盤番号の一部を成している。ニッポノホンの場合、電気録音はブランクにⓃの凸刻印があるので見分けられる［写真33］。日本ポリドールはアコースティック録音のレコードと電気録音のレコードを区別するため、商品番号の刻印にⒺのサフィックスをつけた。一九二七年、録音方式がライト・レイ方式からポリファー方式に転換すると、サフィックスはＰＯＬＹＦＡＲの文字となる［写真34］。

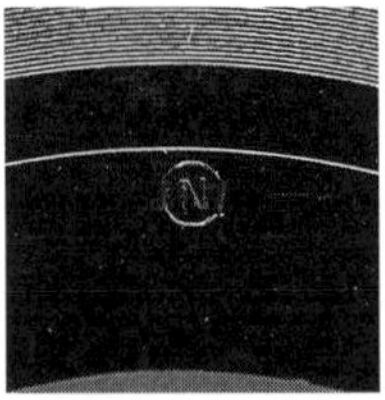

写真33 日蓄の電気録音マーク

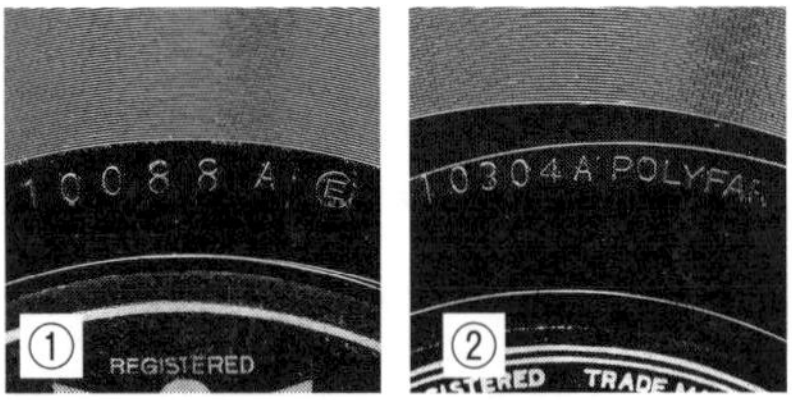

写真34 日本ポリドールの電気録音マーク
①ライト・レイ式電気録音 ②ポリファー式電気録音

写真35 東洋蓄の特許刻印（左） 東京蓄の特許刻印（右）

特許関連の表記は多くの場合レーベルに印刷されたのだが、東洋蓄音器商会のオリエントレコードは「實用新案登録第４４０４９號」という特許番号が刻印されていた。海外にもパテント刻印の例がないわけではないが、珍しい部類だろう［写真35］。

第二次世界大戦下のフランスではレコード資材が不足したため、古レコードをリサイクルして原材料に用いた。再生盤のレーベルにはリサイクル資材であることを示すＮＰの刻印（仏グラモフォン）や表記（パテ）が見られる。

製造に関するデータ

レコード盤上の刻印には、製造時期にかかわるものも少なくない。そうして実は、このカテゴリーの刻印がもっとも注意を要するのである。そのレコードが新譜で発売された当時のいわゆる初出盤であれば問題はないが、版を重ねて初出よりずっとあとのプレスであることは多々ある。そうした場合、盤面に刻まれた刻印が歴史を物語りはじめるのである。

①版数に関する刻印

レコードの製造時期を測るとき、まず見るべきは版数である。書籍に再版、重版があるように、レコードにも度重なる重版やベストセラー、ロングセラーがある。書籍の奥付に記される版数に相当する刻印がレコードにもある。ただしすべてのレコードに見られるものではない。日本の大正期以前のレコードやマイナーレーベルでは版数が省かれていることが多い。

G&Tやグラモフォン社の初期のレコードは、十二時の位置に商品番号と版数を刻印した。初回プレス（初版）は無印だが、Ⅱ版以降はローマ数字の版数がつく。ヤン・クーベリック（ヴァイオリン）のG&T盤などは大ベストセラーでXXなど大きな版数にのぼる。一方でパブロ・デ・サラサーテ（ヴァイオリン・作曲）が一九〇四年に仏G&Tで吹き込んだショパン＝サラサーテ編曲「ノクターン　変ホ長調　作品9-2」（37938）など、初版しか確認されていないレコードもある【写真36】。一九一〇年

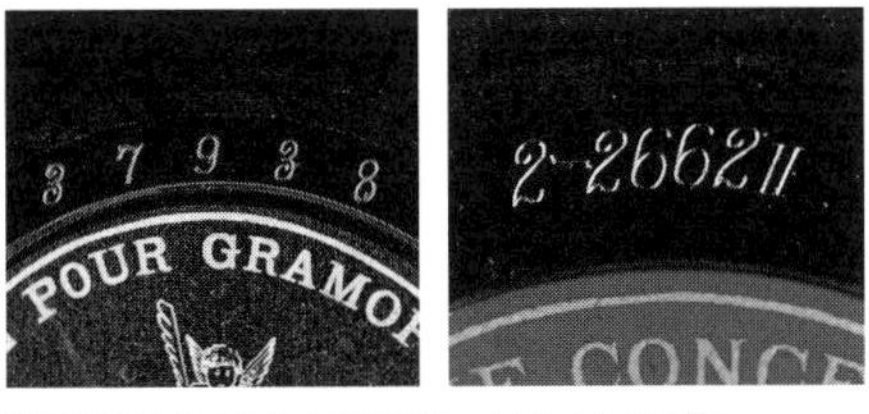

写真36　左からG&T盤の初版、G&T盤の2版

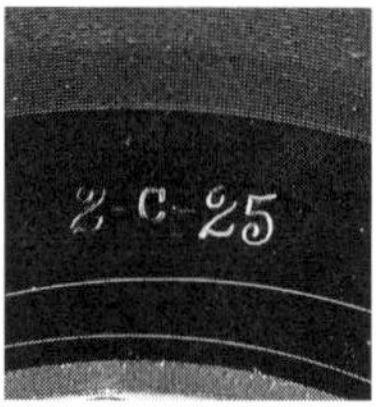

写真38 米コロムビアの三連刻印

写真37 ヨーロッパ原盤を用いた日本コロムビア盤の版数刻印

代に入って英グラモフォン社は版数スタンパーを三時の位置に移し、GRAMOPHLTDの記号に1から10の数字を当てはめて刻印した。10以上の版は記号を組み合わせる。たとえばAMだと34版ということになる。このシステムは英国でSP盤の生産が終了する一九五八年まで用いられた。仏グラモフォン盤と独グラモフォン盤でも十二時の方向に面番号と連結してこのシステムの版数が刻印された。なお、露グラモフォンには版数が刻印されていない。

コロムビアは英国、フランスなどヨーロッパでは盤面に版数のデータを刻印していない。ただしヨーロッパ原盤をプレスした日本コロムビア盤には、六時の位置にA-1などの版数刻印が置かれている【写真37】。米コロムビアは一九〇〇年代、レーベル内にシリアル番号、テイク、版数をハイフンでつないだ一連の数字を刻印した。一九二〇年代に版数データは十二時の位置に移された。マスター原盤（使用テイク）の数字とマザー原盤の記号、使用スタンパーの数字をハイフンでつなぐ表記システムで、たとえば2-A-1というふうになる【写真38】。

日本コロムビアは最初期（一九二七～二八年）、十二時の位置にテイク-版数（記号）-商品番号を、六時の位置に原盤番号を刻印していた【写真39】。一九二八年半ばから米コロムビアの刻印システムを導入した。前述のように左端の6はテイク数を意味する。コロムビア社内ではマスターと呼ぶ。何テイクか録音したなかでテイク6がマスター原盤に固定されたからだ。真ん中のAはマスターから起こされたマザー原盤である。このマザーからスタンパーが何枚も作られる。右端の6が、レコードをプレスしたスタンパーの版数である【写真40】。二千～三千枚プレスしたあたりでスタンパーが傷むので、新しいスタンパーに取り替える。そのとき右端のナンバーがひとつ進む。マザーからスタンパーを作成するのにも限度がある。マザーが摩滅したらマスターから再びマザーを作成し、真ん中の数字も累進するのである。この一連のスタンパー・ナンバーを見ることでレコードが初版なのか重版なのか、どの程度プレスされたのか、などが分かる。大ヒットしたレコードのスタンパー例として、2-C-43（「露営の歌」29530-B　ニッチク期のプレス）、2-F-3（「若鷲の歌」100789-A）、7-L-6（「並木の雨」A22-A　戦後盤）を挙げておこう【写真41】。

コロムビア川崎工場でプレスされていた日本パーロホン（イリス商会パーロホン部）と日本オデオンも米コロムビアのスタンパー表示を踏襲した。この二社はテイクを六時の位置の原盤番号に連記している。なお、日本パーロホンは盤面に商標を刻印していた。パーロホンが日本コロムビアに買収されたのちにコロムビアから再発売されたレコードは、この商標の上からLの刻印を捺して抹消してあるので一目で分かる【写真42】。

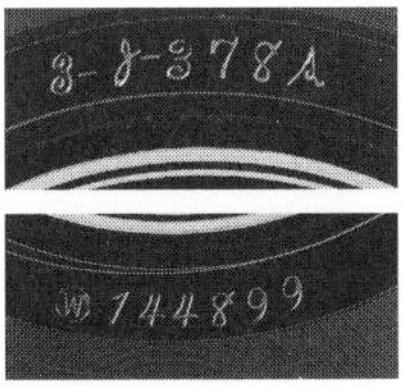
写真39　初期日本コロムビア刻印
上：テイクと商品番号
下：原盤番号

写真40　コロムビアのスタンパー刻印

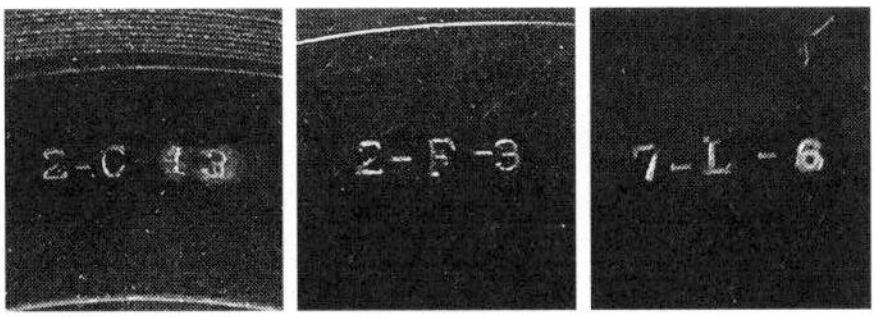

写真41　左から「露営の歌」、「若鷲の歌」、「並木の雨」

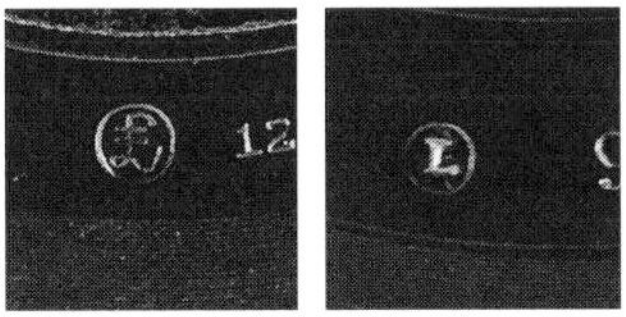
写真42
左：日本パーロホンの刻印
右：日本コロムビアで再発売されたパーロホンの刻印

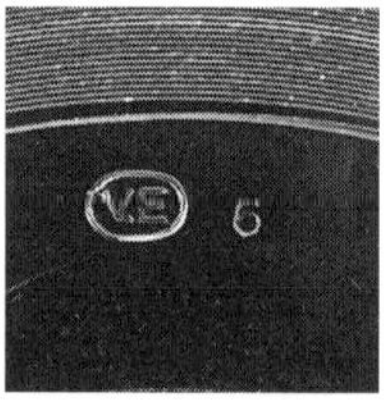

写真44　ビクターの版数刻印 1939 年以降

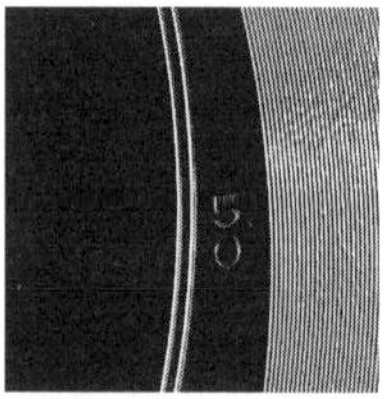

写真43　ビクターの版数刻印

日本ビクターは一九二八年の創業時から三時の位置の音溝際に版数がアラビア数字で刻印された［写真43］。版数は0からはじまるが、刻印がない場合もある。ビクターの場合は初版スタンパーを多めに作成したのか、コロムビアほど版数の変化が見られない。一九三九年からは無溝部十二時の位置にあるＶＥ刻印のそばに版数が打たれた［写真44］。テイチクはレーベル上部の商標付近に版数を刻印した。

戦前の大手レーベルはレコードの初回プレス数が二〜三万枚だった。(22) マイナーレーベルは初回プレスが三百枚程度であったという。会社の規模にもよるので一概にいえないが、多くの新譜を少部数で乱発して売れたレコードを追加プレスする商法だったことが分かっている。

ほかのレーベルについては分からないことが多い。大正期のニッポノホンやニットーには、稀に版数らしきものが見られる。よく売れたレコードに刻印されているので版数だと判別できる程度で、これはおそらく製造現場での実用的な刻印なのであろう。昭和期のマイナーレーベルもこの点ではさして事情は変わらない。

②納付済刻印

日本のレコード独自の表記で「納付済」がある。レーベル上に印刷することもあれば、刻印することもある。これは一九三四年八月から開始された内務省警保局によるレコード検閲の印である。レコード検閲は新譜で発行するレコード正・副二枚と解説書（歌詞カード）を内務省に納付するきまりになっていた。納付したレコードと解説書には「納付済」の表記をするのが義務づけられたのである。この印がなかったら正規に発行された

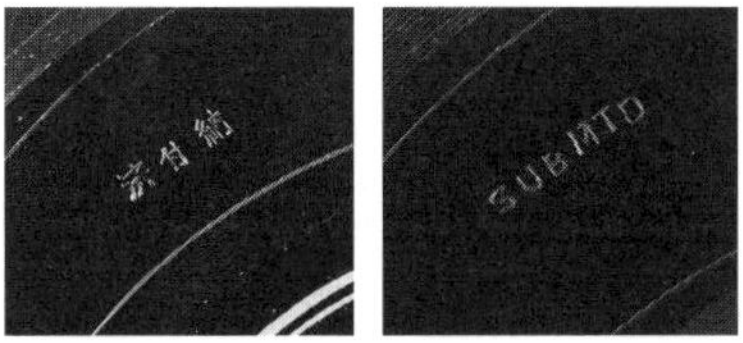

写真45 コロムビアの納付済刻印

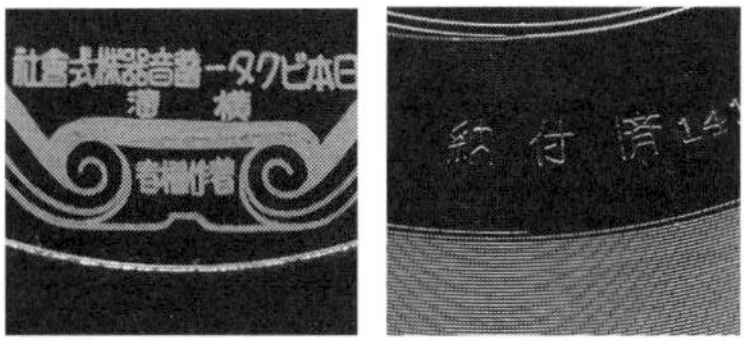

写真46 ビクターの納付済印

写真47 各社の納付済表示例　上段左よりエトワール、キング、ビクター、ショーチク。下段左よりタイヘイ、テイチク、ポリドール

レコードではないということになる。検閲開始後の九月新譜から各レーベルで納付済の表記がはじまった。したがって納付済の刻印がある／ないで一九三四年八月より前かあとかの区別がつく。

日本コロムビアの場合、国内録音の邦楽盤は盤面ブランクに「納付済」と刻印された。海外原盤を国内プレスした洋楽盤および国内録音の洋楽レコードには「SUMBMTD」と刻印された。Submitted の略である［写真45］。日本ビクターの洋楽盤にも「納付済」の刻印が打たれたが邦楽盤には打たれず、解説書に「納付済」が記載された。ビクター邦楽盤に「納付済」が刻印されるのは遅く、一九三七年以降のことである。このほかビクターで顕著な特徴として、洋楽盤、邦楽盤ともレーベル下部に「著作権者」の文字が表示された［写真46］。ポリドール、キング、テイチク、タイヘイなどは「納付済」をレーベル上に小さく記載した。ポリドールやキングなど、目を凝らさないと見つからないほどである［写真47］。日本クリスタルや福永レコードプロダクション（エトワール、テレフンケン）もこぶりな刻印で表示した。

③税率に関する刻印

一九三七年七月に北支事変が起き、やがて日中戦争に拡大した。戦争の長期化によって、レコードにも戦時特別税や物品税が数次にわたって課せられた。その都度、レコードの盤面に税率の刻印が打たれた。順番に紹介しよう。

一九三七年八月十二日に「北支事変特別税法」（二〇％課税）が施行され、邦楽盤に㊕が表示されることになった。特別税法から特の字を採ったのである。洋楽盤の場合はアルファベットのⓉが刻印された。なおこの㊕Ⓣが施行された初期は、既製品のレーベルやスリーブ、文句カードにハンコを捺して対応した。税制施行の初期は〇のないTが小さく刻印されたりして、税制に対する抵抗を感じさせる。特別税の税率が刻印される以前のレコードを本盤と呼ぶが、㊕Ⓣ期のレコードの盤質は本盤と変わらず上質であった。「報國」のシールが貼付されているレコードは、この課税時のもので、㊕Ⓣが刻印されていない本盤に課税の印として貼られた【写真48】。

一九三八年四月一日に「支那事変特別税法」（一五％課税）が施行された。刻印に反映しているのはポリドールだけで、㊫の刻印が打たれた【写真49】。

一九四〇年四月一日施行の「物品税法」（二〇％課税）によってⓃの刻印が打たれた。この時期にはすでにシェラックやコーパルゴムの輸入が途絶えており、レコード素材の粗悪化がそろそろ盤面に現われはじめる【写真50】。

一九四〇年六月十五日に告示された「公定価格」の刻印㊜はテイチクとポリドールのみが盤面に示した。そのほかのレーベルは、レコードに附属する文句カードやレコード袋（スリーブ）に㊜と新価格の一円八五銭を明記した【写真51】。公定価格については次の項目で述べる。

一九四一年十二月一日施行「改正物品税法」（五〇％課税）の⑤以降は、課税率によって数字が刻印された［写真52］。

太平洋戦争の開戦後、非常時から戦時体制に突入したことでレコード産業も大きな試練を強いられた。レコード資材として東南アジアから輸入されるシェラックやコーパルゴムは大半が軍需用に回され、レコード用の乏しい割り当てを各レーベルで分配した。レコード会社は代用資材の開発をおこない、ポリドールやコロムビアは代用シェラックを製品に用いた。第二章に述べたように一九四二〜四四年にかけて、社名と商標の変更がおこなわれた。

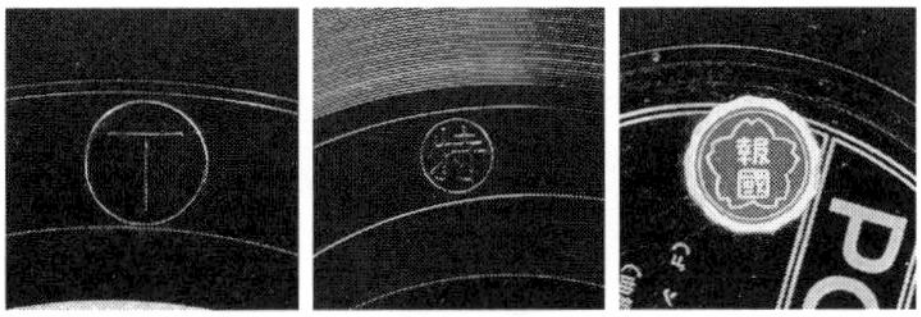

写真48 左からⓉ刻印、㊕刻印、報国シール

写真49 ㊔刻印

写真50 Ⓝ刻印

写真51 公刻印 コロムビア歌詞カードの公定価格表記

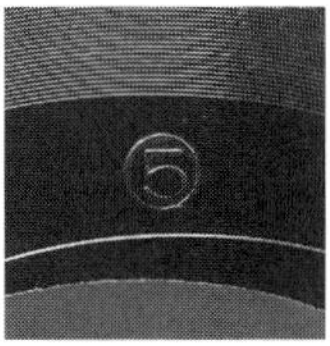
写真52 ⑤刻印

この間、一九四三年三月一日施行の「改正物品税法」(八〇%課税)によって盤面に⑧が刻印された【写真53】。さらに一九四四年二月十六日に施行された「改正物品税法」(一二〇%課税)によってレコードの価格は倍以上となり、盤面の刻印も⑫にまで累進した【写真54】。10インチの標準価格帯は三円七十五銭にまで値上がった。しかも生産レコードの多くは恤兵《じゅっぺい》(慰問)用であったという。実際にこの価格で取引されたのかというと疑問だ。新譜レコードは材質が粗悪なうえに再発盤が多くを占めたので、戦時下には中古レコード店で状態の良い本盤を探す愛好家が多かった。

一九四四年四月、日本音響株式会社(ビクター)が軍需工場の指定を受けてレコードの生産を中止する。次いで九月には大東亜航空工業株式会社(ポリドール)もレコード生産を中止して軍需産業一本となり、各レーベルのプレスは日蓄工業株式会社(コロムビア)が一括しておこなった。したがってこの時期のレコードはコロムビア製品の特徴を備えている。

終戦後も空襲で工場を失ったビクター、ポリドールのレコードの製造をニッチクがおこなった。一二〇%の物品税も継続され、コロムビアの場合は刻印とともにレーベルの商品番号のプレフィックスに12がついた【写真55】。一九四六年以降、戦後の復興とともに徐々に物品税率も下がっていった。戦後に打たれた税率刻印は数字が◎で囲まれており、戦前のそれと同様、刻印の数字で製造時期をある程度確定することができる。(表4「物品税率・レコード価格推移表」参照)。

④公定価格

表示義務を有する公的な刻印として、税率刻印のほかに公定価格がある。一九三九年九月一日、ドイツ軍のポーランド侵攻ではじまった欧州の第二次世界大戦は日本にも影響を与えた。そのひとつが同年九月十八

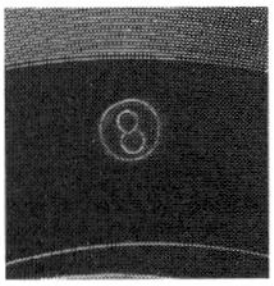

写真53 ⑧刻印

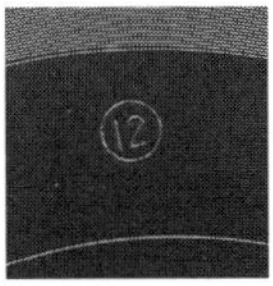

写真54 ⑫刻印

写真55 ①コロムビアが製造したビクター盤　②戦後コロムビアの課税表示

表4 物品税率・レコード価格推移表

施行年	物品税	税率	価格（標準盤）	盤面の刻印
1928年	―――	―	1円50銭	
1935年	―――	―	1円50銭	
1937年8月12日 （法律第66号）	北支事変特別税法	20%	1円65銭	コロムビアは盤面に㊕（邦楽）、Ⓣ（洋楽）の刻印 その他の社は盤面に㊕の刻印
1938年4月1日 （法律第51号）	支那事変特別税法	15%	1円65銭	ポリドールは盤面に㊫の刻印
1940年4月1日 （法律第40号）	物品税法	20%	（据え置き）	盤面にⓃの刻印
1940年6月15日 （商工省告示 第280号）	公定価格制定		1円85銭	ポリドール・テイチクは㊣の刻印
1941年12月1日 （法律第88号）	改正物品税法	50%	2円14銭	盤面に⑤の刻印
1943年3月1日 （法律第1号）	改正物品税法	80%	2円43銭	盤面に⑧の刻印
1944年2月16日 （法律第7号）	改正物品税法	120%	3円75銭	盤面に⑫の刻印
1946年2月		120%	10円	盤面に⑫の刻印 レーベ上の商品番号の前に12の表記
1946年8月30日 （法律第14号）	改正物品税法	100%	17円 （統制価格）	盤面に⑩の刻印
1947年3月31日 （法律第29号）	改正物品税法	80%	35円 （統制価格）	盤面に⑧の刻印
1948年7月7日 （法律第107号）	改正物品税法	50%	75円	盤面に⑤の刻印
1950年12月20日 （法律第286号）	改正物品税法	30%	200円	盤面に③の刻印 童謡レコードは非課税
1951年1月	改正物品税法	20%		盤面に②の刻印 童謡レコードは非課税

※レコード価格はコロムビア（ニッチク）の10インチ・スタンダードな価格帯を表示。

日に施行された物価停止令（物品の値上げを禁止する政令）である。インフレーションによる物価高騰を防ぐ目的でおこなわれた経済統制である。物価停止令でひとまず九月十八日時点の物価を固定し、そのあと「価格等統制令」（十月十八日公布）によって物品の公定価格が次々に制定された。レコードは一九四〇年に商工省によって「雑品」に区分され、価格によって①から㉙まで29種の規格番号が制定された。公定価格の刻印(公)は一九四〇年の制定時テイチクとポリドールのみが用いたが、具体的な価格を示す刻印ではなく、商工省の作成した区分表を参照しないと分からない。一九四三年からニッチクとビクターのレコードには規格番号が表示された。これならいくぶん分かりやすい。ニッチクはレーベルに表示し、ビクターは無溝部十二時の位置に刻印している[23]［写真56］。

　商工省が制定した「公定価格」の規格番号とは別に、ビクターは公定価格に準じて独自の規格記号（アルファベット）を決め、レーベル上と目録の価格表に記載した。公定価格は二十九種類もあってややこしいため、自社でよく使う価格帯だけをA～Fの記号で区分けしたのである。しかし邦楽盤と洋楽盤でそれぞれ規格番号を定めたうえ、公定価格の刻印も押したので、ややこしいことには変わりがなかった。[24]そのうえ公定価格も特別税制の課税率上昇に従って変わってゆくので、発売当時の正確な販売価格を知ろうと思ったら、そのレコードが発売された時期の月報・総目録に当たらなければならない［写真57］。

　ビクターの規格記号とおなじ性質の刻印が戦後のコロムビア盤にもある。一九四六年三月三日に制定された

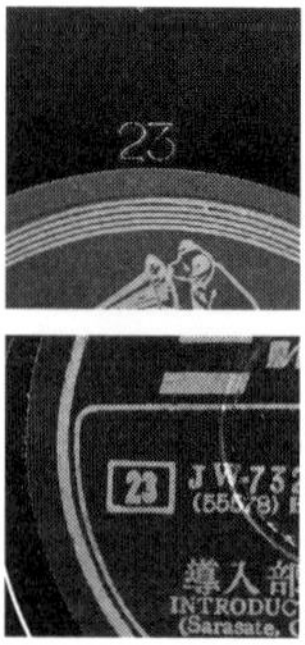

ニッチク洋樂レコード價格表

レコード番號	種類		規格番號	正價
J 100 —— 2999	10吋	黒	⑨	(公)¥2.24
J X 1 —— 999	10〃	黒	⑨	2.24
J X 1001 ——	10〃	特黒	⑩	2.43
J 5000 ——	10〃	青	⑪	2.95
J L 1 ——	10〃	青	⑪	2.95
J D 6001 ——	10〃	特青	⑫	3.23
J 3000 ——	12〃	黒	⑳	3.68
J C 1 ——	12〃	黒	⑳	3.68
J B 3501 ——	12〃	特黒	㉑	4.01
J 7000 —— 8779	12〃	青	㉒	4.41
J W 1 —— 499	12〃	青	㉒	4.41
J W 501 ——	12〃	特青	㉓	4.79
J S 1 —— 99	12〃	青	㉔	5.12
J S 101 ——	12〃	特紫	㉕	5.59
J 9000 ——	12〃	紫	㉖	5.85

写真56　左：ビクターとニッチクの公定価格番号
右：ニッチク洋楽盤の公定価格表

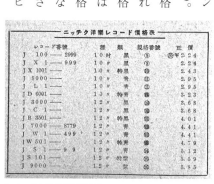

物価統制令にしたがって一九四七年九月、レコードの統制価格が次のように定められた。

A　10インチ……四十五円
B　10インチ……六十三円
C　10インチ……七十五円
D　10インチ……八十六円
E　12インチ……八十五円
F　12インチ……百五円
G　12インチ……百二十五円

A～Gの刻印があればそれは一九四七年九月以降の製造ということになる。レコードの統制価格は一九四八年十月に撤廃されるが、このコロムビア特有の規格記号は一九五〇年代初めまで刻印され、物品税によって定められたレコード価格に適用された［写真58］。以上に述べたように戦時下から戦後の混乱期にかけて価格高騰を防ぐ目的で公定価格や統制価格が細かく定められたものの、実際にはこの価格で取引される以前に品不足のため、闇値段が高騰してしまって意味をなさなかった。

洋楽レコード公定價格
（滿洲國關東州其他外地は特定値段による）

VE	10吋赤Ⓑ一枚＝付	¥3.53
VF	〃 Ⓐ 〃	¥4.22
VK	〃 Ⓒ 〃	¥2.84
VD	12吋赤Ⓓ一枚＝付	¥4.92
VH	〃 Ⓔ 〃	¥4.22
VI	〃 Ⓑ 〃	¥5.61
VA	10吋黒Ⓐ一枚＝付	¥2.14
VB-7001	12吋黒Ⓐ 〃	¥3.53
VB-6001	12吋綠 〃	¥3.53
JE	10吋赤一枚＝付	¥3.24
JF	〃 〃	¥3.81
JK	〃 Ⓓ 〃	¥2.60
JD	12吋赤一枚＝付	¥4.51
JH	〃 Ⓕ 〃	¥3.88
JI	〃 Ⓒ 〃	¥5.15
JA	10吋黒一枚＝付	¥1.97
JB	12吋黒 〃	¥3.24
JB-5000	12吋綠Ⓐ 〃	¥3.24

横濱市神奈川區守屋町三丁目十二番地

写真57　ビクター独自の規格番号（上）とビクター洋楽盤の公定価格表（右）

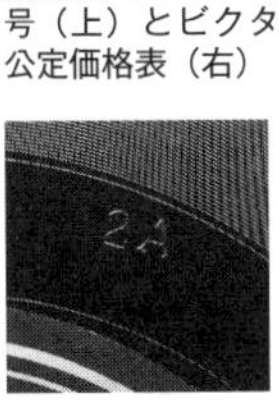

写真58　戦後コロムビアの規格番号

Ⅲ　レコードの製造時期を読む

この章で述べたレーベル上の表記、盤面の刻印を組み合わせることによって、そのレコードが製作された時期とプレスされた時期を探ることが可能である。レコード番号や原盤番号は、そのレコードがいつ作られ発売されたかを知る手引きとなるだろう。歌謡史やレコードに吹き込まれている演者のディスコグラフィーに通じていれば、それらのデータがさらに有効に働く。実際にコレクターはタイトルや商品番号、原盤番号を知悉《ちしつ》していて探求盤の目印としている。ただし、いま手にしているそのレコードが「発売された当初の初回プレス盤」であるとは限らない。運良く初回プレスにぶつかれば製作時期＝製造時期といえるが、工業製品であるレコードの場合、再プレス、再々プレスということはよくある。たとえば「録音・初出が一九三〇年でも製造が一九四二年」「一九三五年に発売されたレコードだが、この盤は戦後の一九四七年ごろのプレス」ということがある。ロングセラーのレコードにはよくあることなので、レーベルや刻印からメタデータを読み取る際には注意深さが必要だ。

①1932年7月新譜

②1941年12月以降の製造による同盤

写真59　チョンマゲ道中

写真59①は一九三二年七月新譜（六月二十日発売）で発売されたレコードである。**写真60**②はレーベル表記の変遷から、このレーベルが一九三九年十二月新譜以降に使用された意匠であることが分かる（一九三四年十月新譜から一九三九年十一月新譜まで枠の内側に記されていた社名・所在地が枠の外に移動する）。加えて無溝部に⑤の刻印があり、一九四一年十二月一日に施行された改正物品税法（法律第八十八号）以降のプレスであることが分かる。

写真60　ニッチクプレスの「露営の歌」

写真60は一九三七年十月新譜のレコード「露営の歌」（薮内喜一郎＝作詞、古関裕而＝作曲、奥山貞吉＝編曲、中野忠晴・松平晃・伊藤久男・霧島昇・佐々木章＝唄、コロムビア・オーケストラ　２９５３０）が一九四四年二月十六日の改正物品税法（法律第７号）以降にもプレスされていた例である。⑫の刻印があるほか、商標が初出時のコロムビアからニッチクに、伴奏楽団の名称もコロムビア・オーケストラから日蓄管絃楽団に変わっている。

写真61　左：テイチクの戦前初出　右：戦後再発売

戦前の録音が戦後に再発売されているということはよくある。テイチクは戦時中の工場火災により金属原盤を失い、戦後に再発売する際に市販レコードから原盤を作成してプレスした、その一例。初出は一九四〇年九月新譜のタイゾウ・スキング・オーケストラ「私のマリア」（Ｔ３０６７）で、戦後にスタンパーが再製作された（一九四七年八月）。後者には統制価格の規格記号Ｃ（七十五円）が見られる【写真61】。

ふと手にとったレコードの製造時期をレーベル上の表記や刻印からたどっていると、そのレコードの来歴に想像がふくらむ。針を下ろして聴くだけではない、レコードのもうひとつの楽しみ方である。

（1）「日本レコード協会規格　ＲＩＳ２０２－２０２１　アナログディスクの表示事項及び表示方法」一般社団法人　日本レコード協会

（2）ビクターは一九三三年一月より、コロムビアは一九三六年十二月より月報を邦楽と洋楽で分離した。コロムビアは邦楽月報では廉価レーベルのリーガルを、洋楽月報ではジャズレーベルのラッキーを併載している（リーガル、ラッキーともそれまで個別に月報を発行していた）。またキングも洋楽（日本テレフンケン）の月報を別個に発行した。ビクター、コロムビアとも総目録は邦楽と洋楽を別々にしていた。日本ポリドールは新譜数がさほど多くなかったためか月報の分離はおこなわれなかったが、一九三三年度から一九三八年度までの総目録を邦楽／洋楽に分けていた。またコロムビア、ビクター、ポリドールはそれぞれ英字の月報・総目録も発行していた。

（3）一九二七年以降、一九四三年にジーメンス社の傘下に入るまでレーベル上のロゴはGRAMMOPHONが使われた（第二章にレーベル写真掲載）。

（4）イーグルは旧来のニッポノホン（ワシ印）のこと。「従来日本読みをしてワシ印と呼んで居りました株式会社日本蓄音器商会のイーグル・レコードは、今月からワシ印の代りに、すべてイーグルと英語読みの呼称を用ひること、なりました」（ヒコーキ 一九三〇年四月新譜月報）と報じられている。

（5）コロムビア・レコードの発売元は日本コロムビア蓄音器株式会社だが、同社は株式会社日本蓄音器商会の傍系会社であった。一九三七年七月、定款を一新して株式会社日本蓄音器商会が正式な社名となった。

（6）シンフォニーシリーズはトリコロールの華美な意匠で、ユージェヌ・イザイ（ヴァイオリン）、クララ・バット（コントラルト）、パブロ・カザルス（チェロ）など独占的に契約したアーティストが扱われた。

（7）ウイングレーベルは“Bat Wing Label”とも呼ばれる。価格の位置はセンターホール周囲から左肩に移った。

（8）二十マルク級のレコードは独グラモフォン社では緑地に黒の枠、金字という豪華な意匠だった。輸出用のポリドールは真紅のトレードマークが映える灰色レーベル。七マルク級のゼルマ・クルツ（ソプラノ）も一枚だけ二十マルクに価格設定された。

（9）サラベールは同じ楽譜出版社のデュラン社、エシック社と合併した。リコルディとともに現在はユニバーサル音楽出版グループの傘下にある。なおサラベールは一九二〇年代から三〇年代にかけて、横振動レコードの発行元にもなっていた。

（10）二〇二二年現在でもビクターエンタテインメントを経営する株式会社ＪＶＣケンウッドが、「ＶＩＣＴＯＲ」「ＶＩＣＴＯＲＯＬＡ」「ＥＬＥＣＴＯＲＯＬＡ」の商標（ロゴとトレードマーク）について輸入差止申立をおこなっている（税関JAPAN CUSTOMS のホームページより「知的財産の輸入差止申立情報：商標権」を参照。二〇二二年三月十八日最終閲覧）。

（11）日本ビクターは一九三六年からＲＣＡ製のハイ・フィデリティ・カッティングマシンを導入した。その最初の録音は五月二十八日、来日していたジャック・ティボー（ヴァイオリン）、タッソ・ヤノポウロ（ピアノ）によるヴェラチーニ作曲の「ヴァイオリン・ソナタ　ホ短調」（ＲＬ-１１）であった。録音方式の変化がレーベル上の表記に反映するまで二年かかったわけである。

（12）ヤッシャ・ハイフェッツ（ヴァイオリン）、エマヌエル・ベイ（ピアノ）演奏によるヴィエニャフスキーの「華麗なるポロネーズ Polonaise Brillante No.1」。一九三七年三月十五日録音。英ＨＭＶでＤＢ３２１５、米ビクターからは１５８１３で発売されたのち、一九四〇年一月に１７６１３（グリーグ作曲「ヴァイオリン・ソナタ 第2番　ト長調」の最終面）でも発売された。

（13）ヤッシャ・ハイフェッツ（ヴァイオリン）、アルパド・サンドール（ピアノ）演奏によるシューベルト＝作曲、ハイフェッツ＝編曲「即興曲 第三番 Impromptu No.3」。一九三四年二月六日録音。このテイクは米ビクターで８４２０-Ｂ、英ＨＭＶではＤＢ３２１５で発売された。原盤番号の２Ａは英国で付与されたものである。１５４５９と１６１１５（ハイフェッツのベートーヴェン「ヴァイオリン・ソナタ 第八番 ト長調」最終面）でも再発された。日本ビクターのＪＤ１３５５は原盤番号からも分かるように英ＨＭＶのマスター由来のスタンパーでプレスされた。一九三八年十一月新譜。

（14）米ビクターは同一の商品番号で複数のテイクをプレスしている事例があるので要注意。十年近く録音年月日の隔たったテイクもあり、場合によってはレーベルに記載された伴奏者と実際に録音した伴奏者が異なることもある。こうしたテイク違いは、レコードを聴いてチェックしないと判別できない。

（15）一九三一年二月二十六日／同二十九日ニューヨーク録音。日本ビクターでプレスされたＤＢ１５３６は原盤番号が十二時の位置に打たれ、七時の位置に面番号４２-９０７／４２-１１５４が置かれている。アメリカでの商品番号は７７８０、英ＨＭＶの商品番号はＤＢ１５３６で、アメリカ録音にもかかわらず日本盤は英国の商品番号を採用している。

（16）ヘルベルト・フォン・カラヤン指揮ベルリン国立歌劇場管絃楽団によるリヒャルト・ワグナー作曲「ニュルンベルグのマイスタージンガー」第一幕の前奏曲（独グラモフォン　６７５３２）。

（17）明治期の英グラモフォン社と米コロムビア社による出張録音盤は例外とする。

（18）初期の「偽装洋盤」はMのプレフィックスにはじまる国内録音の原盤番号だったが、一九三八年からJTWのプレフィックスを使いはじめた。マーク・ラスは大正末期に来日してコロムビアに大量の録音を残したアウアー門下のヴァイオリニスト、ボリス・ラスの弟で、歌曲や映画主題歌、流行歌の作曲も手掛けた。偽装洋盤ではマーク・ラスのほかラマークという名も用いた。同様に服部良一はハッター、仁木他喜雄はニッキーと名乗った。

（19）ハッター（服部良一）作曲の「待ち侘びて」は同年に淡谷のり子の歌唱で吹き込まれたものの発売中止となった「夜のプラットフォーム」と同曲だが、日本語歌詞ほどダイレクトに私的感情を訴えない英語歌詞で検閲を免れた。「間違ってたかしら？ Have I been Wrong?」（ヴィック・マックスウェル楽団、マックスウェル＝唄／JW149　一九三九年五月新譜）はスウェーデンで一九三五年にヒットした"Ge mig ungdomen åte"のカバーであった。また「酒は涙か Wine and tears」「丘を越えて Over the hill」（コロムビア・オーケストラ／JW1179　一九四〇年十二月新譜）は一九三八年の古賀政男渡米時にNBC放送で使われたビッグバンド編曲をそっくりそのまま演奏している。

（20）ワックス原盤からスタンパーを作る鍍金の工程で失敗したり、特に日本の場合は夏場に録音したワックス原盤にカビが生えて駄目になるという事例があった。

（21）ポリドールの初代録音技師はドイツ人のブーレという人だったが、ブーレの時代は½、¾というテイクはつけなかった。日本ポリドールから独グラモフォン社へ出向した技師が持ち帰った表記システムと推測される。

（22）コロムビアは流行歌「だまって、ね」（西岡水朗＝作詞、杉山長谷夫＝作・編曲、二葉あき子＝唄　29287／一九三七年六月新譜）を通常の初回プレス数の三倍は売れるだろうと見込んでいたがレコード検閲に引っかかって再録音をすることになったので、数万枚がムダになったと当時報道された。つまりコロムビアは初回プレス数が二、三万枚程度であったことが分かる。

（23）公定価格の格づけは次の通りである。コロムビア、ビクター、ポリドール、キング、テイチク、タイヘイでサイズや価格帯ごとに細かく分かれていた。①8吋（インチ）二枚一組　一円七十銭、②9吋　一円七十銭、③10吋　八十五銭、④10吋　一円五銭、⑤10吋　一円十五銭、⑥10吋　一円二十五銭、⑦10吋　一円三十五銭、⑧10吋　一円五十五銭、⑨10吋　一円七十銭、⑩10吋　一円八十五銭、⑪10吋　二円二十五銭、⑫10吋　二円四十五銭、⑬10吋　二円八十銭、⑭10

吋　三円五銭、⑮10吋　三円六十五銭、⑯12吋　一円七十銭、⑰12吋　二円五銭、⑱12吋　二円二十五銭、⑲12吋　二円四十五銭、⑳12吋　二円八十銭、㉑12吋　三円五銭、㉒12吋　三円三十五銭、㉓12吋　三円六十五銭、㉔12吋　三円九十銭、㉕12吋　四円二十五銭、㉖12吋　四円四十五銭、㉗12吋　四円八十五銭、㉘12吋　五円五十五銭、㉙12吋　七円七十五銭

（24）ビクターの規格記号は次の通りである。邦楽・洋楽ともAの二円四十三銭が売れ筋の価格帯であった。洋楽のB～Fはクラシック音楽・セミクラシックが占める。

邦楽盤

Ａ……二円四十三銭（10吋黒Ａ４０００番台・緑Ａ４５００番台）、一円七十七銭（10吋青Ａ２０００番台）、一円五十一銭（10吋白）

Ｂ……三円二十三銭（12吋白Ａ５００番台）、二円三銭（10吋特別レーベルＡ３０００番台）

Ｃ……三円二十三銭（10吋赤Ａ９５００番台）、二円九十五銭（12吋白Ｘ１００番台）、一円七十七銭（10吋Ｊ４００００番台・Ａ１００番台）

Ｄ……二円九十五銭（10吋赤１３０００番台）

洋楽盤

Ａ……一円八十五銭（10吋黒ＶＡシリーズ）、二円八十銭（12吋緑ＪＢシリーズ）、三円五銭（12吋黒ＶＢシリーズ）、三円六十五銭（10吋赤ＶＦシリーズ）

Ｂ……三円五銭（10吋赤ＶＥシリーズ）

Ｃ……二円四十五銭（10吋赤ＶＫシリーズ）、四円四十五銭（12吋赤ＪＩシリーズ）

Ｄ……二円二十五銭（10吋赤ＪＫシリーズ）、四円二十五銭（12吋赤ＶＤシリーズ）

Ｅ……三円六十五銭（12吋赤ＶＨシリーズ）

Ｆ……三円三十五銭（12吋赤ＪＨシリーズ）

第五章　SPレコードのデータベース

I　ディスコグラフィ

第四章では盤面のデータの読み方について説明した。レコードそのものからは、そのレコードが「いつ製造されたか」「何が記録されているか」を知ることができる。だが、いま、ここにあるレコードが「いつ録音されたか」「いつ発行されたか」を知ろうと思ったら、盤面情報だけでは足りない。レーベルに録音年月日や製造年月が記されていれば別だが、そこまで丁寧に記載されたレコードは少ない。こんなときにはほかの史料に頼らざるを得ない。

そのレコードが海外録音であるか、国内録音であるか、クラシック音楽であるかジャズであるかタンゴであるか流行歌であるか、または歌舞伎や義太夫など伝統芸能であるか、海外で製造されたものか国内でプレスされたものか、などなどさまざまなパターンが考えられる。よくしたもので、歴史的録音には多ジャンルにわたって昔からディスコグラフィが作られてきた。昨今ではその場は紙媒体の書籍からインターネット上に移っており、海外のレコード情報がデータベースとなって簡便に閲覧できる。手にしたよく分からないＳＰレコードについて調べる手立ては、二十年前、三十年前と比較すると格段に豊かになっているといえよう。ここでは主要なジャンルのディスコグラフィを紹介する。海外で出版されたディスコグラフィのなかには現在Ｗｅｂ上で閲覧・ダウンロード可能なものもあるので、書籍版から順次紹介しながら都度、説明を加えよう。

クラシック音楽のレコードは昔からコレクションする人が多かったので、蒐集のためのディスコグラフィも数多く出版されてきた。その歴史もほかのジャンルに比べて長い。そこで古くからの資料とともに使い勝手のよいディスコグラフィを紹介しよう。クラシック音楽のディスコグラフィは大きく分けるとA、B、Cの三種類ある。

A　個人単位のディスコグラフィ

レコードに記された名前でディスコグラフィを引ければそれに越したことはない。著名なアーティストはたいがいディスコグラフィが作られており、SP録音も録音データや録音された場所、原盤番号など附随データが記されていることが多いからだ。ディスコグラフィとして発行されたものもあれば、LP復刻やCD復刻のブックレットとして作られたものもある。指揮者ヴィルヘルム・フルトヴェングラーであれば北米のフルトヴェングラー協会が出したヘニング・シュミット・オルセン編纂『Wilhelm Furtwängler A Discography』（一九七〇／一九七三年）、フランスのフルトヴェングラー協会が出したルネ・トレミン編纂『Wilhelm Furtwängler A Discography』（一九九七年）、英国のフルトヴェングラー協会のジョン・ハント編纂『The Furtwänglet Sound』（最新版は二〇一五年）あたりが権威ある集成で、そのほか日本の熱心な研究者によるディスコグラフィが何種も作られている。ジョン・ハントはハンス・クナッパーツブッシュやレオポルド・ストコフスキーなどの指揮者やオペラ関連、オペラ歌手のディスコグラフィも手掛けたディスコグラファーとして有名である【写真1】。

写真1 The Furtwänglet Sound 3rd edition

声楽家の個人ディスコグラフィに関しては、英国で一九四六年から刊

写真2 The Record Collector

写真3 東海林太郎 歌のすべて

行を続けている『ザ・レコード・コレクター』がある。各号、1〜2人の歌手の略歴とディスコグラフィを掲載している。しかし海外から取り寄せる手間が必要なのと、バックナンバーが絶版・売り切れとなっている号もある【写真2】。こうした個人ディスコグラフィは、たまたま手もとにあるレコードを調べるためというよりは研究用の資料といったほうがよいだろう。日本では歌手や指揮者を個別に取り上げた「名演奏家ディスコグラフィ」が『レコード芸術』誌に連載されていた。それから、近年ではベルリン・フィルハーモニー管弦楽団に特化したディスコグラフィとしてマイケル・グレイ編纂「ベルリン・フィル・ディスコグラフィ」（『クラシックプレス』第三号・二〇〇〇年夏号〜第四号・二〇〇〇年秋号）があり、これは労作だ。クラシック以外のジャンルでは、日本の『レコード・コレクターズ』（株式会社ミュージック・マガジン）がかつてジャズ・ポピュラー系のディスコグラフィをしばしば掲載していた。このあたりはバックナンバーを入手するのもさほど困難ではないだろう。

ユニークな個人ディスコグラフィとして、伝説的なレコーディングプロデューサー、ウォルター・レッグの仕事をまとめたアラン・サンダーズ編纂『ウォルター・レッグ　ディスコグラフィ Walter Legge A Discography』（グリーンウッド出版　一九八四年）がある。

昭和歌謡の個人ディスコグラフィで一般の流通ルートに乗った冊子は乏

しい。東海林太郎歌謡芸術保存会編纂『東海林太郎　歌のすべて』（東海林太郎歌謡芸術保存会　一九九〇年）は東海林太郎自身が保存していた楽譜の吹込日の書き込みをディスコグラフィに反映した冊子で、現存しない日本ポリドールの録音データや未発売に終わったレコードのデータが得られる点で貴重だ［写真3］。

B　レーベルやジャンルに特化したディスコグラフィ

特定のアーティストについて調べるのでなく、手もとに流れてきたSPレコードの情報を手早く調べるには、そのレーベルやジャンルに特化したディスコグラフィが便利である。個人ディスコグラフィよりもカバーするアーティストやレーベルが広いほうが、汎用性があるからだ。

クラシック音楽の声楽レコードについては、古くからレコード蒐集の手引きとして使われた本にロバート・バウアーの『ヒストリカル・レコーズ　HISTORICAL RECORDS（1898 – 1908/09）』（一九四七年）がある。ロバート・バウアーは一九三〇年代からレコードを蒐集しはじめたコレクターで、一九三七年に『ヒストリカル・レコーズ』の初版を出版した。戦時中にコレクションを失ったバウアーが再び編んだのが、このセカンドエディションである。出版当時すでに稀覯《きこう》盤となっていたレコードが声楽・システィーン教会録音・朗読・器楽・オペラ全曲盤にパート分けしてある。その大部分は声楽レコードである。詳細な録音データは含まれていないが、二十世紀初頭のレコードを知るうえで重要なディスコグラフィだ。現物は古書で手に入れるしかないが、幸いアメリカの「インターネット・アーカイブ」で公開されている[1]［写真4］。

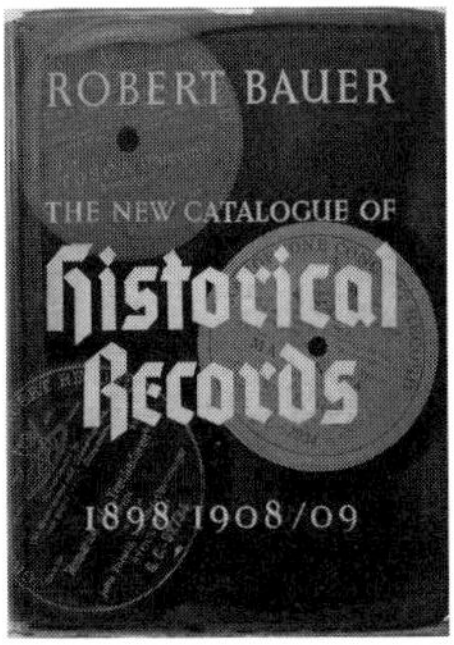

写真4　Historical Records（1898 – 1908/09）

おなじように古くからコレクターに重用されているディスコグラフィが『ヴォイス・オブ・ザ・パスト　VOICES OF THE PAST』（オークウッド出版英国）である。これは十巻シリーズで、現在では古書しかないから全部揃えるのはたいへんだが、キモとなる巻だけ持っていても充分役に立つ。

VOL・1　HMV　英国のアコースティック期声楽録音（四分冊）
VOL・2　HMV　イタリアのアコースティック期声楽録音
VOL・3　フォノティピア・番号順カタログ
VOL・4　HMV　インターナショナル・カタログ（DB＝12インチシリーズ）
VOL・5　HMV　黒レーベル・カタログ（D&Eシリーズ）
VOL・6　HMV　インターナショナル・カタログ（DA＝10インチシリーズ）
VOL・7　HMV　ドイツのアコースティック期声楽録音
VOL・8　英国コロムビア・カタログ
VOL・9　HMV　フランスのアコースティック期声楽録音
VOL・10　HMV　プラムレーベル・カタログ（Cシリーズ）

このシリーズのうち第三巻のフォノティピア篇、第四、五、六、十巻のHMVインターナショナル・カタログ

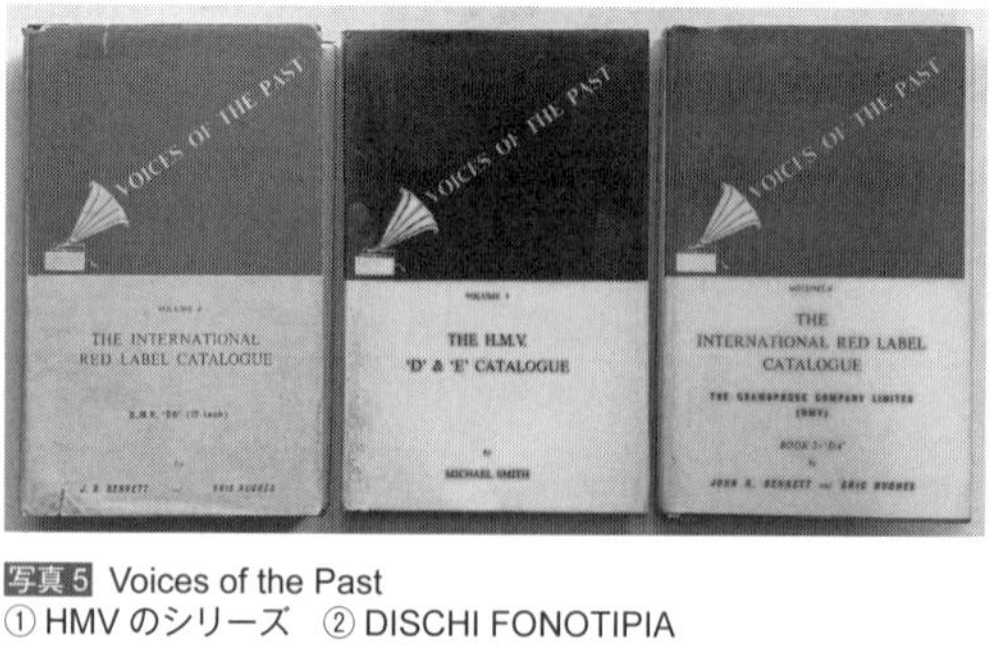

写真5 Voices of the Past
① HMV のシリーズ　② DISCHI FONOTIPIA

（世界の系列レーベルで発行されたレコード）と第八巻の英コロムビア・カタログは総合カタログで、声楽レコードだけでなくＨＭＶ、コロムビア、フォノティピアのレコードに出遭った際に有効な資料である。全巻のなかでこれらの巻は人気も高いので、見つけたら買っておくとよい［写真5］。

このシリーズ中、イタリア、フランス、ドイツの巻に関しては、後により完璧なディスコグラフィが作られた。グリーンウッド出版がアラン・ケリー編纂による、次のようなディスコグラフィを出版したのだ。

『ヒズ・マスターズ・ヴォイス／ラ・ヴォーチェ・デル・パドローネ　イタリア・カタログ』（一九八八年）
『ヒズ・マスターズ・ヴォイス／ラ・ヴォア・ド・ソン・メイトル　フランス・カタログ』（一九九〇年）
『ヒズ・マスターズ・ヴォイス／ディ・シュテム・ザイネス・ヘルン　ドイツ・カタログ』（一九九四年）

これらのディスコグラフィはＥＭＩのアーカイブ協力のもとに編纂されており、基礎資料としての価値が高い。シリーズのうち、フランス・カタログはグリーンウッド出版が無料でファイルを開放している[2]［写真6］。

ヨーロッパのレコードについてお手軽にざっくり調べるならオークウッド出版の『ヴォイス・オブ・ザ・パスト』シリーズも使い勝手がよい。しかし、それ以上の精度の高い情報を求めるなら断然グリーンウッド出版のＨＭＶシリー

写真6　左から、イタリア・カタログ、フランス・カタログ、ドイツ・カタログ

ズのほうがよい。このシリーズは肝心の英国録音カタログを刊行していないが、現在ではジョン・R・ボリグとジョン・ミルモが編纂した『ヒズ・マスターズ・ヴォイス　セレブリティー・シリーズ・レコーディングス＆　ヒストリカルシリーズ　１９２４〜１９５８』によって補完されている。英国グラモフォンの両面盤すべてとSP期に作られた歴史的録音シリーズを扱っており、かつてのヴォイス・オブ・ザ・パストを補って余りある。しかも無償でカリフォルニア大学サンタ・バーバラ校が公開しているDAHRのサイトからダウンロードすることができる。便利な時代になったものだ。[3]

グリーンウッド出版はヨーロッパのHMV系データだけでなく、テッド・フェイガンとウィリアム・R・モランの編纂による米ビクターの初期データ集も発行した。

『ビクター録音の百科事典ディスコグラフィー　プレマトリックス・シリーズ　The Encyclopedic Discography of Victor Recordings　Pre - Matrix Series』（一九八三年）

『ビクター録音の百科事典ディスコグラフィー　マトリックス・シリーズ　The Encyclopedic Discography of Victor Recordings　Matrix Series』（一九八六年）

エンサイクロペディック・ディスコグラフィと銘打つだけあって、初期ビクター録音（一九三〇年までの録音も若干含まれる）に関してはこの二冊があれば申し分ない。マトリックス・シリーズ巻はレコードには表記されない原盤番号順なので重宝する。吹込アーティストから逆引きすることもできるので使い勝手がよい【写真7】。

ヨーロッパのレーベルに関して手元にあるとたいへん便利なのが、ドイツのハンズフリード・ジーベンが編纂した『オデオン』（六分冊）、『パーロフォン』（三分冊）、『ベカ』（三分冊）の録音記録（ヘアブスト社発行）で

写真7 The Encyclopedic Discography of Victor Recordings Matrix Series

写真8 DISCOPAEDIA OF THE VIOLIN

ある。ジーベンはほかに独グラモフォンやクリスタル、テレフンケンなどドイツのレーベルのディスコグラフィも編纂しているが、カール・リンドシュトレーム系の録音記録はジャンルにかかわらず押さえておきたいところ。一九〇四年から一九五三年までのクラシック音楽、ダンス音楽、映画主題歌、シュラガー（流行歌）、朗読やラジオプログラムなどのレコードについて、商品番号、原盤番号、テイク、録音年月日を参照することができる。

ヴィクター・ジェームス・ジラード編纂の『縦振動シリンダーとディスクVertical – Cut Cylinder and Discs "Recordings of serious worth made and issued between 1897 – 1932"』（British Institute of Recorded Sound）はパテ、エジソン（特にパテ）など縦振動レコードに焦点を絞ったディスコグラフィで、縦振動レコードに遭遇したときに絶大な力を発揮する。

ディスコグラフィにはレーベルに特化したもののほか、演奏形態ごとにまとめられたものもある。声楽に関してはすでに述べたので器楽の主なディスコグラフィを次に挙げよう。ヴァイオリンのレコードに特化したディスコグラフィとしては『ヴァイオリンのディスコペディア・第二版 DISCOPAEDIA OF THE VIOLIN』三冊組（RECORDS PAST PUBLISHING）がある【写真8】。ジェームス・クライトンが編著した同書は一九七七年に初版が出版され、その内容を大幅に増補した第二版が一九九四年に発行された。録音データと発売データが混在しているのと日本人ヴァイオリニストや日本録音のレコードに弱いが、ヴァイオリンのSP、LPはこのセットがあればおおかた事足りる。

弦楽四重奏に関しては幸松肇氏の浩瀚《こうかん》な著作がSPレコードにも活用できる。『世界の弦楽四重奏曲とそのレコード』（クヮルテット・ハウス・ジャパン 二〇一一～一三年）の六巻組、『レコードによる弦楽四重奏曲の歴史 上・下』（DU BOOKS 二〇一六年）はLPレコードやCDが多く紹介されているがSPレコード情報も豊富に含まれており、弦楽四重奏のSP録音について基本的な知識を得るのによい。オリジナルレコードの商品番号も記載されており、ディスコグラフィとして申し分ない。(4)

オーケストラのディスコグラフィは、洋書に『オーケストラのレコード録音 The Orchestra on Record, 1896–1926』（グリーンウッド出版）がある。アコースティック録音時代のオーケストラ録音について、いちいちレーベル別のディスコグラフィをたどらなくてもまとまっており便利だ。この書籍も現在ではカリフォルニア大学サンタ・バーバラ校が公開しているDAHRのサイトからダウンロードすることができる。(5) その昔、分厚い輸入本のあれやこれやを大枚をはたいて購入したのが馬鹿馬鹿しくなるが、浩瀚な資料本に容易にアクセスできるようになったことで本を持つ限られた人間ばかりでなく志を持った誰もがレコード研究をできるようになった。喜ばしいことだ。

ピアノのSPレコードに関してはジェームス・メシュエン・キャンベル編纂『古典的ピアニストの録音カタログ Catalogue of Recordings by Classical Pianists Vol. 1 (Pianists born to 1872)』（ディスコ・エプソム社 一九八四年）が必携である。一八七二年以前に生まれたピアニストのディスコグラフィはこの一冊で用が足りる。第二巻を出す前にキャンベル氏が亡くなったのが惜しまれる。

国内録音の洋楽についてはほぼディスコグラフィが公刊されておらず、断片的なデータを資料とするほかない。個々の邦人声楽歌手や邦人演奏家、日本の演奏団体については故クリストファ・N・野澤が『ストリングス』誌に連載していた「幻の名盤伝説」（一九九七～二〇〇三年）を参照するのがよい。氏は晩年、長年の研究の総決算として日本洋楽史のディスコグラフィを出版する企画を筆者とともに進め、ある程度までまとめていたが、志を果たすことができなかったのが心残りである。残された成果物として、野澤氏監修によるロームのCDセット『日本SP名盤選集』（Vol・1～4）など復刻CDがある。

国内レーベルに特化したディスコグラフィとしては、手前味噌だがぐらもくらぶのCD「大名古屋クラシック」ブックレットに『アサヒ蓄音器商会クラシック音楽ディスコグラフィ』を載せた【写真9】。日本洋楽史のディスコグラフィ化は故クリストファ・野澤氏の遺志を継いで形にしたいと考えている。

写真9 大名古屋クラシック（ぐらもくらぶ）

ジャズ・ポピュラー音楽の分野はさすがにアメリカが充実している。シャルル・ドローネ編纂の『ホット・ディスコグラフィ HOT DISCOGRAPHY』は一九三六年の初版から一九八二年まで実に四十六年間も出版社を変えながら増補された。有名なブライアン・ラスト編纂の『JAZZ RECORDS 1897-1942』（Arlington House）二巻組は一九六一年に初版を出して以来、一九八六年まで五度の改訂が加えられた。トム・ロード編纂の『ジャズ・ディスコグラフィー The Jazz Discography』（一九九二～二〇〇二年）も大作で、補遺を含めて三十四巻からなるディスコグラフィを書籍、CD-ROM、オンラインで販売している。

現在では、こうした過去のすぐれた業績を取り込んだディスコグラフィがインターネット上で作られ随時更新されているから、紙媒体のディスコグラフィはもはや過去のものとなってしまっている。それでも手にしたレコードについてすぐに調べようと思ったら冊子のディスコグラフィが手軽で、その場ですぐ役に立つことに変わりはない。

国内でもジャズ愛好家によるＳＰ盤ディスコグラフィは数限りなく作られてきた。日本で昭和期に発売されたジャズ・ポピュラー音楽レコードの総合カタログとしては、山田孝雄編纂『American Popular Music on Japanese 78 rpm Record 1927 to 1958』（二〇〇二年）がたいへん役に立つ。日本で製造されたジャズ・ポピュラー盤（原則としてアメリカ録音のみ）の録音データ、日本での発売データがこの一冊で分かる。

アルゼンチン・タンゴは戦前から戦後にかけて日本でも人気が高かった。その割に公刊されたディスコグラフィカルな文献は乏しいのだが、大岩祥浩『アルゼンチン・タンゴ――アーティストとそのレコード』（ミュージック・マガジン　一九九二年）とその新版『改訂版　アルゼンチン・タンゴ――アーティストとそのレコード』（ミュージック・マガジン　一九九九年）がある。日本発売のデータは商品番号くらいだが、アルゼンチン録音の録音データがついており労作である。

シャンソンのＳＰレコードに特化したディスコグラフィは公刊されていない。薮内久『シャンソンのアーティストたち』（松本工房　一九九三年）はＳＰレコードに関する詳細な情報はないが、歌手のレコードデビューなど経歴上の情報が豊かである。

日本の流行歌は愛好家が多いだけに公刊・私家版含めて数が多い。信頼できる資料として大手レコード会社が編んだ歌謡史のＬＰレコードセットに附録としてついていたディスコグラフィがあるが、もはや廃盤となって久しく、中古盤のすべてを揃えるには根気が要る。まだ入手しやすい資料本として福田俊二・加藤正義編纂『昭和流行歌総覧（戦前・戦中編）』（柘植書房　一九九四年）、加藤正義編纂『昭和流行歌総覧（戦後編）』（柘植書

房新社　二〇〇一年）の二冊がある。マイナーレーベルに関する情報は乏しいが、メジャーレーベルの発売記録がまとまっているのはありがたい。発売記録は新譜月と発売月が混交しているので注意が必要である。

寄席演芸の分野にも良書がある。正岡容『雲右衛門以後』（文林堂双魚房　一九四四）は桃中軒雲右衛門の名を書名に戴いた浪曲史である。レコードを絡めながら、桃中軒雲右衛門以下、主要な演者が紹介されている。そのデータ量はディスコグラフィというほどではないものの、浪花節初心者にもとっときのよい教科書的名著である。都家歌六著『落語レコード八十年史』（国書刊行会　一九八七年）はいうまでもなく落語レコードのディスコグラフィとして金字塔となる仕事である。発売データなど新しく判明した情報を書き足してゆけば、まだまだ生命力のある優れたディスコグラフィだ。

新派の演劇レコードのディスコグラフィは大西秀紀編纂『新派ＳＰレコード・ディスコグラフィ（未定稿）』（「歌舞伎　研究と批評　43」歌舞伎学会　二〇〇九年）にまとめられている。大西氏はほかにオリエントや伝統芸能のディスコグラフィを逐次発表している。このほか、ＳＰレコードは多分野にわたる研究者が研究成果を発表している。そうした成果物を広く知っておくと必ず役に立つ。

C　総合的なディスコグラフィ・ガイド本

ＳＰレコード時代に録音されたクラシック音楽全般について知るには、アメリカで刊行された『レコード音楽のエンサイクロペディア　Encyclopedia of Recorded Music』が必携である。作曲家のアルファベット順になっているので、手もとのレコードのレーベルを見ながら引いてゆくと大体のクラシック音楽のレコードはこの辞典で見つけることができるだろう。一九三六年版、一九四二年版、一九四七年版、一九五二年版と隔年で出版されており、世界のレーベルを網羅しているので各時代の或る楽曲の代表的なレコード（アコースティック録音もわずかながら含まれている）を知ることができる。[6] はじめはグラモフォン・ショップが発行していたが、一九五二年版は出版社がロンドンのシドウィック＆ジャクソン社に替わり、名称も『THE WORLD'S ENCYCLOPAEDIA OF RECORDRD MUSIC』に改まった。英国のレコード会社デッカの協力のもと、ＬＰ盤やＥＰ盤も含んでいて、たいへん充実した内容だ。さらに二冊の補遺（一九五一〜五二年、一九五三〜五五年）も作られており、ＳＰ時代の最後までカバーされている。このクラシック音楽レコードの総合カタログは、ありがたいことにＣＨＡＲＭ（Centre for the History and Analysis of Recorded Music）のダウンロードページから手に入れることができる。なお、同じページからは英デッカのディスコグラフィやロンドン交響楽団のディスコグラフィなどもダウンロードできる。[7]

海外録音の国内プレス盤がいつ発売されたかを調べる詳細なディスコグラフィは現在のところ、まだない。歌崎和彦編著『証言――日本洋楽レコード史（戦前編）』（音楽之友社）、『証言――日本洋楽レコード史（戦後編）』（音楽之友社）で主なレコードの日本での発売年が参照できる程度だ。日本では電気録音初期のレコードがうんとあとの昭和十年代に発売されていたり、昭和初期にリリースされたレコードが戦中戦後にかけて幾度となく再発売されていたりするので博物館などレコードを触る現場では初出盤や再発盤のリリース記録を知ることが必須だが、その関係性を確認することのできるディスコグラフィは皆無である。国内の洋楽レコード発売データは将来的に整備されるべきであろう。

クラシック音楽のユニークなディスコグラフィとして平林直哉『クラシック名曲初演＆初録音事典』（大和書房　二〇〇八年）が挙げられる。この切り口の本は意外になかったから、ディスコグラフィ愛好家にとっては愉しい一冊である。ＳＰレコードを触りながら読むと参考になるシーンも多いだろう。

個人あるいは機関によって築かれたコレクションのディスコグラフィは数多い。NHKの放送業務局資料部音楽資料課が編纂した『SPレコード総目録　一〜三』（日本放送協会　一九六七年）、野村あらえびすのコレクションをまとめたニッパン・ポニー編『野村レコード・コレクション　SPレコード目録』（東京都立教育研究所　一九八六年）、国立文楽劇場調査養成課調査資料係編『義太夫SPレコード集成』（国立文楽劇場・日本芸術文化振興会　一九九一年）、昭和館監修『SPレコード60、000曲総目録』（アテネ書房　二〇〇三年）が代表的なところである。また日本コロムビアが外地向けに製作したレコードの金属原盤が国立民族学博物館に保管されており、日本コロムビア外地録音のディスコグラフィー的研究プロジェクト編『日本コロムビア外地録音ディスコグラフィー』（上海編・台湾編・朝鮮編）という成果物になっている。

SPレコードのガイド本はジャンルによらず、データ面（メタデータ）から調査するのに重宝する。多くの場合、レーベルの歴史とナンバーシステムを説明している。次に挙げる諸文献は、レコードを見ながら片手でページを繰って参照するのに適した実用書である。スティーブン・C・バールの『ザ・オルモースト・コンプリート78RPMレコード・デーティング・ガイド（Ⅱ）』（イエスタデイ・ワンス・アゲイン出版　一九九二年）は後述するインターネットアーカイブ（アメリカ）で推奨されているガイド本で、アメリカのレーベルを中心に商品番号・原盤番号と録音年月の対照表が多くを占めている。後半にカナダと英国のレーベルも扱われている。ブライアン・ラストの『ザ・アメリカン・レコードラベル・ブック』（アーリントンハウス出版　一九七八年）はアメリカの諸レーベルの経歴をより詳しく知るのに長けている。主要なレーベルのナンバリング・システムも紹介されており、アメリカのレコード産業を知るには不可欠な一冊。先のバール本と併用することでアメリカのレーベルについてはほぼ制覇することができる。

ブライアン・ラスト本の英国版といえるのがドン・テイラー編纂の『ザ・イングリッシュ78ピクチャー・ブック』（アルテミス出版　一九九三年）だ。その名の通り英国のレーベルがアルファベット順にただひたすら陳列されている。簡易な社史が傍記されており、これが意外に役に立つ。ヨーロッパの同種の書籍については詳しくないので紹介できないが、『ザ・イングリッシュ78ピクチャー・ブック』ではドイツやフランスの系列会社にも触れられているので、大まかな事柄については知ることができよう。友人から海外旅行のお土産に貰った書籍に『蓄音機レコードGRAMOPHONE-LEMEZEK』（タンデム・グラフィック・スタジオ）という小型本があり、クララ・バジナイとゲザ・サイモン・ガボールが蒐集したハンガリーのレーベルがカラー写真で百二十種類も掲載されていた。ハンガリー語の解説なのでスマホの自動翻訳の力を借りなければならないものの、ヨーロッパのレコード産業の中心地であったドイツやフランス、英国からのレコード企業の進出例がいくつも確認される。

　こうした書籍によるＳＰレコード・ガイドは今日ではＷｅｂ上に移行しつつある。その代表的な例として、非営利の音楽ジャーナル「ミュージック・ウェブ」上にはハワード・フリーマンによる『グラモフォン社レーベルのコレクターズ・ガイド　１８９８～１９２５ The Collector's Guide to Gramophone Company Record Labels 1898-1925』が掲載されている。ベルリナー、Ｇ＆ＴからＨＭＶ系列のレーベルに関してはこのガイドがあればすべて把握できるだろう。[8]

　レコード史という観点からガイド本を選ぶと、次の書籍が必須だ。クルト・リース著・佐藤牧夫（訳）『レコードの文化史』（音楽之友社　一九六八）、ローランド・ジェラット著・石坂範一郎（訳）『レコードの歴史』（音楽之友社　一九八一）はいずれもレコード史を俯瞰《ふかん》するのによい。洋書ではフレッド・ガイスバーグ著『ミュージック・オン・レコード Music on record』（ロバート・ヘイル社　一九四六年）と、アラバマ大学の歴史学教授アンドレ・ミラードが著した『アメリカン・オン・レコード　レコード録音の歴史　American on record : a history of recorded sound』（ケンブリッジ大学出版　二〇〇五年）を紹介しておこう。前者は日本を含む世界各地の出張録音を敢行したディレクターの自伝である。日本でのレコード録音が詳述されており、基礎資料として必読の書である。後者は比較的新しいレコード史で、二〇一五年に出た第二版ではコンピューターの台頭、ＤＶＤやＭＰ３などに代表されるデジタル革命までカバーされている。

　日本のレコード史を知る基本的な図書としては次のような書籍がある。まず『社団法人日本レコード協会五十年史　ある文化産業の歩いた道』（一九九三年）を推挙したい。豊富な参考文献から日本レコード史がコンパクトにまとめられている。表や年表など資料面も充実しており、「使える」書籍である。五十年史のユニークな点は読み物としても秀逸なことで、同協会と歴史をともにした戦中から戦後のレコード産業のドラマティックな道のりには感動すら覚える。同書を一読したら、巻末にまとめられた参考文献に当たることをお勧めしたい。『コロムビア五十年史』（一九六一年）、『日本ビクター五十年史』（一九七七年）、『レコードと共に五十年』（テイチク社史　一九八六年）『キングレコードの六十年』（一九九一年）、と社史から押さえて、森垣二郎『レコードと五十年』（河出書房新社　一九六〇年）、伊藤正憲『レコードと共に四十五年』（日本クラウン　一九七一年）など元レコード社員の回想録を読むのがよいだろう。

　史料的に使いこなしたい書籍としては森本敏克編『レコードの一世紀・年表』（沖積舎　一九八〇年）を挙げよう。この本は純然たる年表で無駄な記述は一切ない。情報はやや古いが、新しいデータを追加してゆけば自分の年表に育てることができる。

　現在も文庫版が出ている倉田喜弘『日本レコード文化史』（東京書籍　一九七九年）は日本のレコード産業史であるとともにレコードによる娯楽史でもあり、さまざまなジャンルの成り立ちを本書から教えられる。[9]明治・大正期のレーベルの詳細に当たるには、山口亀之助『レコード文化発達史』（録音文献協会　一九三六年）がよい。山口亀之助はレコード史研究の先駆者である。昭和初期から『レコード』誌や『レコード音楽』『音楽世界』誌に研究成果を発表していた。本書はその集大成で、まだ明治大正が近かった時代だからこそ得られた情報が多々含まれている。現在では「国立国会図書館デジタルコレクション」に収載されており、図書館送信参加館で閲覧することができる。第二巻も刊行が予定されていたものの実現しなかったのが残念で仕方ない。いつかその原稿がひょっこりと現れることはあるだろうか。出張録音からSP末期に至るレーベルについては、岡田則夫氏が『レコード・コレクターズ』誌に連載していた「続・蒐集奇談」がいまだに日本のSPレコード・ガイドとして役立つ内容である。書籍化されていないので古書で揃えるしかないのが残念だ。同様に山崎整氏が神戸新聞に連載した『関西発レコード120年　埋もれた音と歴史』（一九九七～九九年）も、広範囲で綿密な取材によって関西レコード産業の全貌を明らかにした名連載だが惜しいことに書籍化されていない。

　いずれの書籍にもいえることだが、時代が進むにつれ記述された情報に変化が生じるのは仕方なく、レコード研究の進展に従って加筆訂正が欠かせない。今日の最新情報は明日の叩《たた》き台というのが研究書の宿命である。その点、Ｗｅｂ上の78レコード関連サイトは最新の情報に触れることができる。そうした諸サイトについては次の項目で触れよう。

　最後に、座右にあると何かしら役立つ文献を個人的な好みで数点挙げたい。

　発売時期の特定にこだわらなければ、野村あらえびす『名曲決定盤』（中央公論社　一九三九年／中公文庫）、『楽聖物語』（レコード音楽社　一九四一年）、野村光一『レコード音樂讀本』（中央公論社　一九三四年／増訂版は一九三五）、同『名曲に聴く』（創元社　一九四〇）は古典中の古典だ。[10] いずれも主観の勝ったレコード評論で、今日的な視点では頷きがたい評価もあるが（たとえば英国の作曲家や演奏家の評価が不当に低いなど）、戦前戦後の日本でどのようなレコードが名盤とされたかが明確に把握できる。読み物としても面白い。筆者も若いころはあらえびすの筆致に影響されたものだ［写真10］。『名曲決定版』は現在も中公文庫で上下二巻が出ており、SPレコード入門としてイチオシの本である。

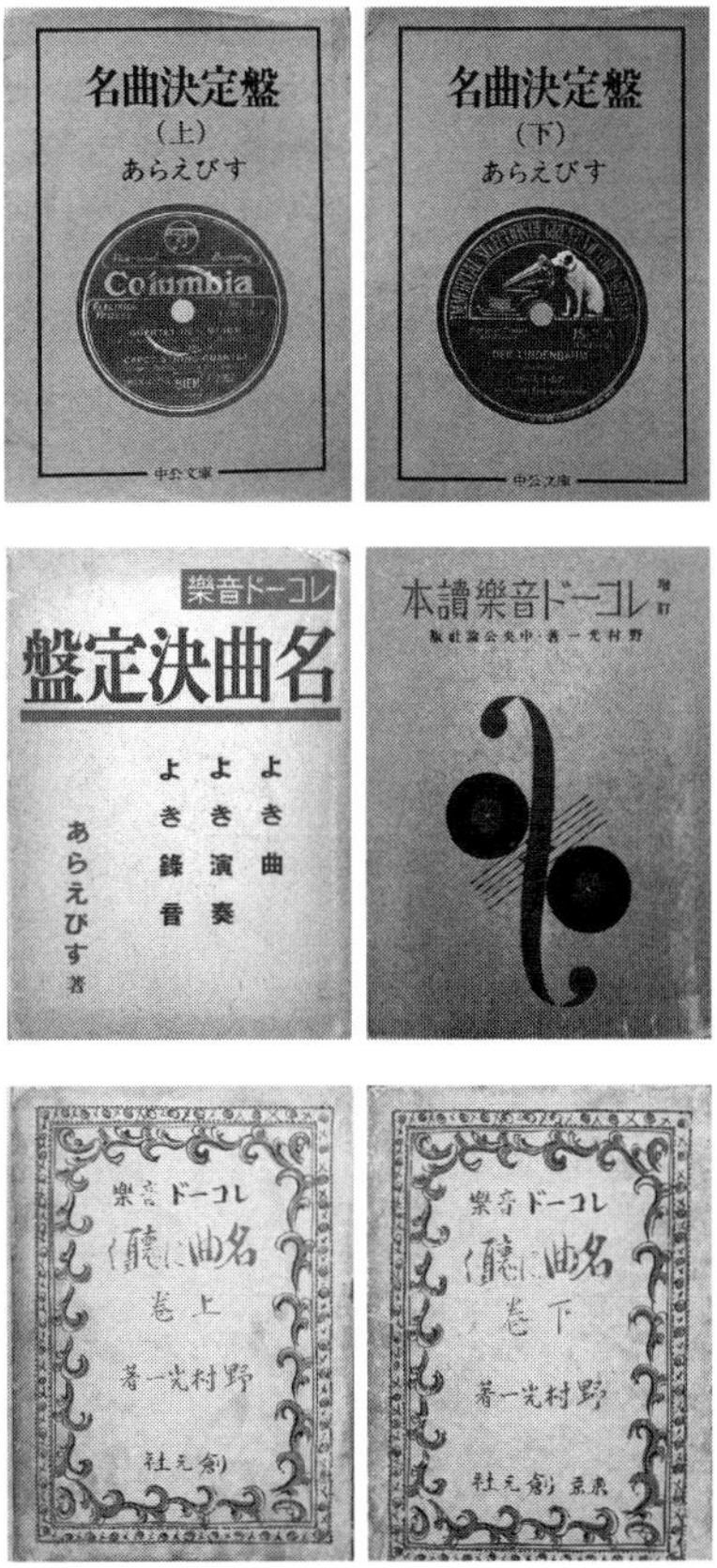

写真10『名曲決定盤　上・下巻』（中公文庫版）とその初版（1939年）『レコード音樂讀本』『名曲に聴く　上・下巻』

唐端勝・野川香文・青木正共編『輕音樂とそのレコード』（三省堂　一九三八年）はクラシック、吹奏楽、ジャズ、カントリー音楽、ハワイ音楽、キューバ音楽、アルゼンチン・タンゴ、コンチネンタル・タンゴ、タップダンス、世界の民謡、オペレッタ、シャンソンと広範なジャンルを包含したレコード・ガイドで、主要なレコードとレコード番号がいちいち記されている。戦前にこれだけまとまったディスコグラフィがあるのは驚き

写真11
『輕音樂とそのレコード』

だ。戦前のジャズシーンを真空パックしたようなこの本を紐解くのはとても楽しいひとときで、筆者は日常用と保管用に二冊備えてしまったほどである【写真11】。もう一冊、久禮《くれ》傳三《でんぞう》『レコード音楽夜話』（内田老鶴圃　一九三五年）は戦前のレコード愛好家の心意気が詰まった愛すべき本だ。レコードへの偏愛で綴られたこの書は、戦前のコレクターの熱い生態が現代のコレクターと寸分も違わないことを教えてくれる。ちなみに著者の久禮傳三は蓄音機の名機クレデンザのもじり。のちに盤鬼と称してLPレコードの名盤紹介に尽くした西條卓夫の若き日の筆名である。

レコードの情報がインターネット上で容易に入手できるようになる以前は、SPレコードの同人誌があった。月刊（のち季刊）の『78　SEVEN　EIGHT』（鎌倉書林　一九七五～九四年）や『SPレコード』（アナログ・ルネッサンス・クラブ　一九七二～二〇〇一年）はいずれもたいへん情報量が多く、一度は目を通しておきたい資料だ。[11]

Ⅱ　データベースの活用

書籍のディスコグラフィを紹介してきたが、ＳＰレコードについて知ろうと思ったら、現在ではＷｅｂ上のデータベースを利用するのがもっともお手軽である。ＳＰレコードのデータベースは世界各国で整備が進んでいる。もっとも「ＳＰレコード」という名称は海外では用いられず、「歴史的録音 Historical Recordings」や「78回転のレコード 78rpm Records」といった検索語でヒットする。すべてをここで紹介するのは不可能だが、主だったデータベースについて説明しよう。

ヨーロッパ

ＣＨＡＲＭ

英国では英国図書館（ＢＬ）がサウンズ（ＳＯＵＮＤＳ）というデータベースを公開している。これは二〇一七年に開始したプロジェクトで、英国の十のハブ機関に保管されている音源データを公開しているが、その多くはオーラル・ヒストリー、フィールドワーク、ラジオ放送である。ＳＰレコードに特化したデータベースとしては、公的機関のアート＆人文科学研究協議会（ＡＨＲＣ）が公開するＣＨＡＲＭ（Centre for the History and Analysis of Recorded Music)がある。このデータベースにはアラン・ケリーやマイケル・グレイが編纂したディスコグラフィが応用されている。また前項で述べたように、ダウンロードページで〝The World's Encyclopaedia of Recorded Music〟や英デッカ・レコード、ロンドン交響楽団のディスコグラフィーなどがダウンロード可能である。

SLUB

ドイツのザクセン州立図書館兼ドレスデン工科大学図書館(SLUB)が公開しているSLUBメディアテークは一八九五年から一九五〇年代末にかけてのレコードのレーベル写真と音源、メタデータ(商品番号・カタログ番号・原盤番号)、録音記録(判明した範囲)を公開している。関連事項にリンクづけされており、レーベル情報や典拠なども知ることができる。当然ながらドイツ製のレコードが主で、第二次世界大戦後はドイツ民主共和国(東ドイツ)に属したため、エテルナやスプラフォン、USSR盤などソビエト・東欧系のレーベルが多いのが特徴である。使い勝手のよいサーフェスを持つデータベースで、日本の浪曲SPレコードデジタル・アーカイブ(国際日本文化研究センター)などはこのSLUBメディアテークをモデルとしているようだ。

GALLICA

GALLICAはフランス国立図書館(BnF)が二〇〇九年に開設した電子図書館で、シリンダー式レコードとディスク式レコードの音声データベースを公開している。一九一一年に設立された「声のアーカイブ」(コレクションは百万点を超えるという)、一九三八年に創設された「国立サウンドアーカイブ」の納本レコードを継承するこのデータベースは、商業録音と非公開録音を含む多くの音源から成り立っている。フランスの伝説的なオペラ歌手や演奏家の録音はもちろんのこと、一九三〇年代から製作された古楽のシリーズ録音「アントロジー・ソノール L'Anthologie Sonore」やワールド・ミュージックのコレクションも収められている。また音声学の資料収集を目的として一九一一年に開設された「言葉のアーカイブ」には、詩人のギヨーム・アポリネールやアルフレッド・ドレフュスのような有名人から市井の無名の市民の声まで数多くの肉声が残された。このアーカイブに限らずシリンダー期からディスク期にかけての広範な音声コレクションには目をみはらされる。そのなかには東洋、日本のコレクションもある。たとえば一九〇〇年、パリ万国博覧会の折に現地にいた日本人の音声（シリンダー）や戦前にフランス留学していた言語学者の上田萬年《かずとし》（一八六七–一九三七）による平家物語朗読といった珍しい録音も聴くことができるのだ。

レコードのデータベースとしては、メタデータ（商品番号・カタログ番号・原盤番号）が表示されず、録音年もあったりなかったりでやや不親切だがレーベル画像が拡大可能で刻印までくっきり確認することができる。

DANSK LYD

デンマーク王立図書館のデータベースである。このデータベースでは一九〇〇年代から一九五〇年代までのクラシック音楽、ポピュラー音楽、それから民謡を聴くことができる。基本的にPDとなった音源が公開されている。必ずしもデンマークで録音された音源だけというわけではなく、ドイツや英国などほかの国の録音も含まれている。書誌的には録音された年度が記されているのみで、レコードのメタデータは盛り込まれてない。それから、録音年の記載されていない音源も多々ある。

EUROPEANA

ヨーロッパ各国のデータベースを統括して横断検索するプラットフォームが「ヨーロピアナEUROPEANA」だ。三千以上の機関、美術館や博物館、図書館などが参加している。SP音源も大量にヒットするが、個々のデータベースの書誌情報がばらばらなため統一は取れてない。しかしヨーロッパのレコード情報を一括して検索できるのはやはり便利だ。この統合検索システムの出現はアメリカ、日本のアーカイブにも影響を与えた。

アメリカ

NATIONAL JUKEBOX

アメリカはレコード大国であり、SPレコードのコレクターも日本の比でなく多い。その研究も多分野にわたり、データベースが公的なものから私的なコレクションまで数限りなくある。その総本山はアメリカ議会図書館（LOC）が開設しているナショナル・ジュークボックスである。このサイトは一万六千点のレコードのデータと音源が公開されている。データはメタデータ（商品番号・カタログ番号・原盤番号・テイク番号）が完備されており、録音地と録音年月日も付されている。「れきおん」（国立国会図書館配信サービス）の「音源紹介」に相当するページもあるので初心者にもやさしいデータベースだ。なお、録音年の範囲がより広い「レコーデッド・サウンド・リサーチ・センター」も用意されている。

DAHR

アメリカのカリフォルニア大学サンタ・バーバラ校（UCSB）が公開しているDiscography of American Historical Recordings（DAHR）はビクターやコロムビア、エジソン、ブランズウィック、オーケー、デッカなどアメリカの主要レーベルの録音データと、PD（権利保護期間終了）となった音源が公開されている。理想的な完成度を達成したSPレコードのデータベースだ。

この巨大なデータベースは、もともと一九六〇年代にテッド・フェーガンとウィリアム・R・モーガンによってはじめられた「エンサイクロペディック・ディスコグラフィ・オブ・ビクター・レコーディングス（ビクター録音の百科全書）」が根幹となっている。RCAビクターに保存されている録音台帳をデータベース化する計画は時を経て、二〇〇三年にカルフォルニア大学サンタ・バーバラ校の「アメリカン・ディスコグラフィ・プロジェクト（ADP）」に引き継がれ、二〇一三年から「ディスコグラフィ・オブ・アメリカン・ヒストリカル・レコーディングス／Discography of American Historical Recordings」として公開されている。このデータベースは盤面情報についてはもちろん、各種ディスコグラフィやレコード会社から提供された記録に準拠しているのが特徴で、録音年月日、録音されたテイク数、どのテイクが採用されたか、録音時の楽団の編成やレーベルに記載されない指揮者名までを克明に知ることができる。(12) 二〇二二年現在、二〇一八年に施行された「音楽近代化法」によってPD（パブリックドメイン）となった一九二三年以前の音源六万点以上が公開され、ダウンロード可能となっている。

ケリー・オンライン・データベース

DAHRに付随して、アラン・ケリー（一九二八－二〇一五）が解析したグラモフォン社のナンバリングシステムをデータベース化したサイトも紹介しよう。このデータベースには四十三万三千件の発売・未発売レコードの録音データが含まれる。音源はなくメタデータと録音記録の羅列であるが、録音史の研究者にとって使い勝手のよいサイトである。(13)

インターネットアーカイブ

非営利のウェブアーカイブとして有名なインターネットアーカイブには「78回転とシリンダーレコード」のページがあり、実に百二十種ものレコードコレクションからお望みの音源を見つけ出すことができる。(14) そのなかでも特に大きいのはボストン公共図書館（BPL）から移管された五万点を超すSPレコード音源（商業音楽コレクション）で、二〇一九年にアーカイブに加わった。ボストンのコレクションはDAHRと同様、手動とAIによって音源に出版されたディスコグラフィとの紐づけがなされている。また八〇%の音源にはリリース当時のレビューが、二百五十種についてはコネチカットカレッジの楽譜コレクションと紐づけされており視覚的にも使える資料となっている。インターネットアーカイブが提供する音源の特徴は、ひとつの音源につき再生針の太さを変えて再生された複数の音源が収録されていることだ。SPレコードの音溝は時代やレーベルにより幅が異なり、再生する針によって再生音もまた異なってくる。このようなサービスを備えたデータベースは他にない。

メインスプリング・プレス

ディスコグラフィに特化した出版社、メインスプリング・プレスが自社のディスコグラフィを無料開放している。[15] ビクターの長時間レコード（プログラム・トランスクリプション）、ビクターの映画・劇場用レコード、コロムビアのエスニック録音データ、ヴォカリオン、チャンピオン、ソノラなど独立レーベルのディスコグラフィなど実に豊富な情報がフリーで公開されている。それはレーベル情報に留まらず、テナー歌手ベニヤミノ・ジーリの全録音、アラン・サットン編纂の『ラグタイムのレコード録音　１８９４～１９５０』、ブライアン・ラスト編纂『ジャズとラグタイムのレコード　１８９７～１９４２　第六版（最終版）』まで含まれており、これらを使わない手はない。

DPLA

ヨーロピアーナのアメリカ版がＤＰＬＡ（Digital Public Library of America）である。アメリカ国内の大学や博物館の所蔵する音源を横断検索するサイトで、検索語によって結果が変わってくるので使いこなすにはコツが要る。たとえば「78rpm」では八百十八件しかヒットしない。「Gramophone Record」では七十二件、それが「Phonograph Record」だと三千四百五十七件ヒットする。調べごとをするには、目的を絞って専門サイトに当たるほうが効率がよいだろう。

Virtual Gramophone

カナダ国立図書館・文書館（Library and Archives Canada）はカナダのレコード産業に特化したデータベースである。[16] エミール・ベルリナーはディスク式レコードを開発して一八九三年にアメリカで製品化したものの、販売会社がゾノフォン社を設立して裁判を起こし、自分で名づけたグラモフォンという製品名をアメリカ国内で使えなくなってしまった。そこでベルリナーはアメリカでの権利を仲間のエルドリッジ・ジョンソンに譲り、一九〇〇年、カナダ・モントリオールにベルリナー・グラモフォン社を設立した。一方E・ジョンソンはグラモフォンに代わってトーキング・マシンの語を使用し、ビクター・トーキング・マシン社として成功させた。ビクターはのちにカナダのベルリナー・グラモフォン社を買収することとなる。カナダではベルリナーおよびビクターが最大手のレーベルとして長年君臨した。そんな経緯もあって、ベルリナーに関する情報が豊富なサイトである。

個人のデータベース

公的機関のデータベース以外に、欧米には個人が製作したデータベースも数多くある。「78レコード・ホームページ」はSPレコード入門としてたいへん親切なサイトである。[17] レコードの売買サイト、レコードコレクションを処分する際の連絡先、レコードの洗い方や修理法が説明されているほか、各種レーベルのディスコグラフィのリンクも貼られている。「ザ・オンライン・ディスコグラフィカル・プロジェクト」はアメリカのレーベルの商品番号から原盤番号と録音年月日を引くディスコグラフィが充実しており、実用的なサイトだ。

ドイツはレコードの研究が盛んで個人サイトも多い。「蓄音機レコードGrammophon-Platten.de」というコアなサイトではドイツの主なレーベルの商品番号・録音年月対照表が掲載されている。ディスコグラフィではないがレコード番号から録音年が割り出せるので実用的なサイトだ。また、レコード研究者のためのフォーラムが設けられている。[18] 復刻CDのインディーズレーベルである「トゥルーサウンド・トランスファーズ」では、オデオン、アプガ、アルティフォン、エジソン、エジソン・ベル、ゾノフォンなど米英仏独のレーベルのディスコグラフィがダウンロードできる。[19] カール・リンドシュトレム系レーベルのデータベース化を目指しているGHT（Gesellschaft für Historische Tonträger und Sammlung Alfred Seiser）は、その名の通りオデオン、パーロホン、ベカをはじめリンドシュトレーム系のレーベルのディスコグラフィを中心に手掛けている。計画が壮大すぎて個人の手に余るためか、中途で更新が止まっているのは残念である。

スイスでは二〇一四年に「78RPM CLUB」がスタートした。メジャーレーベルを避け、欧米のマイナーレーベルを扱っている。アルファベット順で目的のレーベルを探せるほか、所在地でも検索できるのが便利だ。ディスコグラフィカルなサイトではなく、レーベル画像に簡略な社史がついている程度である。日本のレーベルはテイチクとキングのみというのが日本との遠い距離を感じさせる。このサイトはツイッターで更新情報をつぶさに知ることができる点、現代的である。[20]

ロシアには「ロシアン・レコーズ・ドットコム」がある。レーベル別インデックスとアーティスト別インデックス、ロシア革命前、ソヴィエト時代、国外のレーベル、シリンダー、印刷物などさまざまな分類がなされている。ベッティーニ・シリンダーが八本も載っているのは驚きだ。それもそのはず、ロシアの有力コレクターたち、録音史研究者、ライターが集って作り上げているのである。ロシアもまたレコード大国であることを質量と熱量でまざまざと感じさせてくれるサイトである。すべてのレコードではないが音源も聴くことができる。

国内のデータベース

れきおん

日本で現在、もっとも充実しているSP盤データベースとして、「歴史的音源（れきおん）」が挙げられる。HiRAC（歴史的音盤アーカイブ推進協議会）でデジタル化した音源を国立国会図書館が配信するサービスで、メタデータよりも音源がメインとなっているデータベースである。インターネット公開音源以外は配信提供参加館となっている図書館に行かないと聴取できない不便はあるが、四万八千七百四十二件もの音源が無料で聴けるデータベースは日本唯一であり、世界的にも有数の音源サイトである。世界のほぼすべてのデータベースが市販のレコードのコレクションから成り立っているなか、「れきおん」は現存するレコード会社（コロムビア、ビクター、テイチク、キング、ユニバーサル）の協賛で各社の保存音源が提供されている点、際立って特異である。またNHKのアーカイブに残された放送用音源も含まれているのが特徴である。反面、配信音源の多くが金属原盤やそのほかの形で保管されていた音源であるため、レーベル画像が添付されていない。またメタデータもレコード会社から提供された情報を使用しており、書誌的には全体的な不統一がみられる。[21] タイトルなどの表記や発売データの混乱、誤記が散見されるので研究に用いるにはほかの資料（レコード月報や文献など）による確認・調査も必要だが、音源に特化したデータベースとしてその存在意義はきわめて大きい。

浪曲SPレコードデータベース

日本国際文化研究センター（日文研）が公開しているデータベースである。故森川司コレクションのレコード音源とレーベル画像九千九百九十八枚に加え、日文研が所蔵する浪曲関連資料が収載されている。両面盤の場合レコード両面の全景を掲載し、画像を拡大することでレーベルの文字や刻印を明瞭に確認することができる。音源はレーザーターンテーブルによって収録、デジタル化されており、収録時間が示されている。発売年月の判明したレコードについては発売データがついている。[22] ＤＡＨＲのように収録されている浪曲師の関連事項が紐づけされており、浪曲についての資料に広くアクセスすることができる。とにかく浪曲に特化したデータベースとしてユニークな存在である。

ＳＰレコードデジタル・アーカイブ

日本伝統音楽研究センターは雅楽、歌舞伎、義太夫、長唄、常磐津、清元、箏曲、謡曲、民謡、端唄・小唄、浪曲といった邦楽に特化したデータベースを持っている。二千二百五十六件収載されており、うち五百三十一件の音源が公開されている。レーベル画像が添付されているのは五百二十七件である（二〇二二年四月十日現在）。商品番号と原盤番号、発売年月が注記されている。貴重な音源の一例として、一九四〇年代に国際文化振興会（国際交流基金の前身）が日本音楽文化の紹介を目的として製作した「日本音楽集」が含まれている。日本音楽の研究にはなくてはならないアーカイブである。

ジャパンサーチ

ヨーロピアーナやＤＰＬＡの日本版といえるのが二〇二〇年に開設されたジャパンサーチである。横断検索により、国立国会図書館や大学、博物館など公的機関に所蔵されているレコードが表示される。二〇二二年現在はレコードに関連する文献、論文などの検索率が多く、ＳＰレコードそのものの情報はまだ乏しい。日本にはまだSPレコードのデータベースが少ないのでレコードのヒット率も低いわけである。ジャパンサーチで一元的に国内SPレコードの情報が得られるようにするためには国内SPレコードデータベースの整備が急務であろう。

一次資料に当たるには

ここまでに挙げた紙媒体、Web上のディスコグラフィやデータベース、文献類からもこぼれる情報はあるし、情報の正確さは担保されない。それならば、むしろデータベースやディスコグラフィの基幹となる一次資料に当たったほうが早道かもしれない。データベースで原盤番号や商品番号のようなむきだしのメタデータに直面しても、そこから正しい新譜年月や発売日を知るにはある程度の経験則が必要である。インターネットで調べることもできるが、Web情報には出典の記されていないものが多い。誤った情報を孫引きする危険を避けるためには「SPレコードの調べ方」をマスターしておくと便利だ。正確な情報を得るためにもっとも有効なのは一次資料か一次資料に近いソース（可能ならば複数を併用）である。具体的にはレコード会社が原則として毎月発行する新譜月報、年に一回発行する総目録、レコード会社が新聞・雑誌に出稿する新譜広告、レコード雑誌・音楽雑誌の記事である。

こうした紙媒体の資料を現在もっとも取り揃えているのは国立国会図書館音楽映像資料室である。同室は月報、総目録、チラシ類、小売店が発行していた刊行物を中心にレコード資料の充実にたいへん力を入れており、特に昭和期の大手レーベルの発売記録はここで新譜月報や総目録によってほぼチェック可能である。明治・大正期のレコード資料やマイナーレーベルの目録類に関してはすべてが揃っているわけではない。それでもレコード資料を体系的に収集している国内屈指の機関であり、将来的な充実に期待したい。音楽映像資料室が架蔵しているレコード月報（新譜案内）と総目録のレーベルを次に挙げよう。

アサヒ（総目録）、イーグル（月報、総目録）、ウグ井ス（総目録）、オーゴン（月報、総目録）、オデオン（月報、総目録）、オリエント（月報、総目録）、貝印内外（月報、総目録）、キング（月報、総目録）、クリスタル（月報）、五色（月報）、コッカ及びプレザント（月報）、コロナ（月報）、コロムビア（月報、総目録）、三光堂グラモフォン（総目録）、三光堂コロムビア（総目録）、三光堂ライロホン（総目録）、ショーチク（総目録）、スター（月報）、スタンダード（月報）、タイヘイ（月報、総目録）、ツル（月報）、太陽（総目録）、蝶印（総目録）、テイチク（月報、総目録）、富士山印東京レコード（月報、総目録）、東蓄（月報）、特許レコード（総目録）、トンボ（月報、総目録）、ニットー（月報、総目録）、ニッポノホン（月報、総目録）、ハト印（月報）、パーロホン（月報、総目録）、ヒコーキ（月報）、ホーオー（月報）、ビクター（月報、総目録　長時間レコード、朝鮮盤もあり）、ヒコーキ（月報、総目録）、フヰルモン音帯（総目録）、ポリドール（月報、総目録）、ミリオン（月報）、ラッキー（月報）、リーガル（月報）、彌生（総目録）。

このほか、音楽映像資料室にはレーベルが発行していた機関誌『日蓄ニューズ（のちコロムビアニュース）』『ビクター』『ニットータイムス』、小売店が発行した『十字屋タイムス』『出羽屋月報』、各社の新譜をまとめた定期刊行誌『レコードタイムス』『街のメロディ』などが所蔵されている。

現在、国立国会図書館デジタルコレクションでは著作権保護期間を過ぎた月報・総目録が公開されている。デジタル化されたレコード資料はインターネット公開、図書館送信資料（国立国会図書館の承認を得た公共図書館・大学図書館など）、国立国会図書館内限定公開資料の三つに分かれる。すでにデジタル化されているレコード月報や総目録は思いのほか多い。二〇二二年三月現在、インターネットで公開されている月報・目録類を次に挙げる（カッコ内は国立国会図書館限定資料あるいは図書館送信資料）。これらを簡易に検索するには、国立国会図書館デジタルコレクションの「詳細検索」で「NDLC分類」の項目に「YM2」を入力して検索すればよい。NDLC分類とは国立国会図書館で用いられている分類法で、YM2は「レコード目録」に充てられている。[23]

アサヒ・ツル…8（5）、エトワール…1、貝印内外…4、コッカ…2、コロナ…（3）、コロムビア…（1）、三光堂・蓄音器用蝋《ろう》管音譜表…1、ショーチク…1（1）、ショーワ…3、スター…1、スタンダード…（1）、スワン…1、タイヘイ…2（6）、大日本蓄タイヘイ…25（11）、蝶印…1、テイチク…32（15）、テレフンケン…2、天賞堂・写声機平圓盤 美音の栞り…1、東郷…1、ニッポノホン・イーグル…11（4）、ニッポン…2、ハト…1、ビクター…1、ヒコーキ…7（3）、ヒコーキ・イーグル…（1）、富士山印東京レコード…2（2このほか東京レコード文句集第二輯がある）、フタミ…（1）、ポリドール…（2）、ポリドール・キング…（5）、ミリオン…1（1）、リーガル…3（3）。

このほか楽器店発行の新譜広告が二点、文部省推薦レコード選集・第一輯（一九三五年）、文部省推薦認定レコード目録・第五輯（一九三六年）、文部省推薦紹介蓄音機レコード目録（一九四二年）といったレコード関連資料がデジタル化されている。歌詞情報などが掲載された資料は著作権処理が必要なので現在のところインターネット公開からは外されているが、向後《こうご》はインターネット公開されるレコード関連のデジタル資料もどんどん増えてゆくであろう。

レコード雑誌もレコードについて調べるのに有効な資料である。レコード会社が新譜広告を出稿している場合が多く、新譜評も新譜月を確定する手がかりとなるからだ。戦前の代表的な雑誌に『ディスク』（グラモヒル社）、『レコード音楽』（名曲堂）、『レコード』（音楽世界社）、『音楽雑誌　レコード』（レコード発行所）があった。[24]『ディスク』はフランス趣味の傾向が強い高踏的、同人誌的な誌面であったのに対して『レコード音楽』はバランスのとれた総合的な音楽雑誌で、座談会記事や話題のレコードの立体批評（複数の評論家による批評）など企画力に富んでいた。流行歌や国内録音のレコードにも触れられており汎用性が高い。『レコード』（音楽世界社）はもっと雑多かつ大衆的な方向性で、洋楽と邦楽のウエイトが半々であった。クラシック音楽や流行歌、邦楽など調べる対象によって適した雑誌もおのずから絞られてくる。

『レコード音楽』は国立国会図書館の東京館と関西館でそれぞれマイクロフィルムによって一九三一年一月号から一九四八年六月号までが閲覧可能である。また『レコード』は国立国会図書館デジタルコレクション（図書館送信参加館で閲覧可）で一九三一年三月号～三三年六月号まで閲覧可能。『ディスク』は東京大学大学院人文社会系研究科・文学部図書館、明治大学附属図書館・近代音楽館など大学図書館に所蔵されている。東京文化会館の音楽資料室にも『レコード音楽』『レコード』『ディスク』三誌の所蔵がごく少量ながら所蔵されている。いずれの館も完揃いではなく欠落巻があるので、東京藝術大学附属図書館監修『戦前期レコード音楽雑誌記事索引』（日外アソシエーツ　二〇一七年）で内容を確認してからピンポイントで図書館を訪れたほうがよいだろう。

レコードに特化していない音楽雑誌にも毎月のレコード情報が掲載されていた。『音楽世界』、『月刊楽譜』（山野楽器店　一九一二～四一年）あたりは複数のレコード会社が新譜広告を出稿していたし簡略ながらレコード評も掲載されているので、レコードの発売時期と当時の評価を知ることができる。『音楽世界』は国立国会図書館デジタルコレクション（図書館送信参加館）で一九二九年から三二年分が見られるほか、東京藝術大学はじめ大学図書館に部分的に所蔵されている。また『月刊楽譜』も一九三二年以降の隔月巻が国立国会図書館デジタルコレクション（図書館送信参加館）に収録されており、多くの大学図書館にも収蔵されている。

忘れてならないのは新聞である。新聞には大手レコード会社から明日をも知れぬマイナーレーベルまで大小さまざまなレーベルが広告を出稿している。読売新聞の「ヨミダス」、朝日新聞の「聞藏Ⅱ」は全文検索をかけられるのが強みで、大手レコード会社の新譜広告ならば検索によって瞬時に大部分を把握することが可能である。どちらの新聞データベースも検索漏れはあるのだが、広告が毎月何日あたりに出るか覚えておけば自力で探し出すことができよう。問題は検索機能がいまひとつの東京日日新聞／大阪毎日新聞や、デジタル化されていない時事新報、報知新聞、都新聞などである。大手レーベルはまだ広告掲載日の当たりをつけることもできるがマイナーレーベルは神出鬼没なので、ただひたすらマイクロフィッシュを回すしかない。それから新譜広告以外のイレギュラーな臨時発売や記念発売、特別発売の広告はやはり根気頼みの作業となる。明治期に日本で発売されたシリンダー式蓄音機やシリンダーレコードの広告に関しては東京藝術大学の研究成果報告書として、薩摩雅登・竹内順一『明治期における音楽録音資料・蝋管（ろうかん）の保存体制と公開手法の研究』（二〇〇六～〇八年）、松村智郁子『明治期における蝋管蓄音機の受容と普及の研究：音楽、声の記録と社会的背景を中心に』（二〇一一～一三年）、松村智郁子『蝋管蓄音機の歴史的背景に関する総合的研究：明治期の新聞メディアを通じて』（二〇一五～一九年）の三種がありたいへん心強い。ディスク式レコードの新聞記事も同様に集成すればレコードの研究に大いに資することだろう。

Ⅲ　歴史的音源をめぐる現状と将来的展望

未曾有のコロナ禍にあってもSPレコードのデータベース化の歩みは止まっていない。いくつかのプロジェクトが発足し、進行中である。

ボン大学片岡コレクションプロジェクトでは、現役の活動映画弁士・片岡一郎氏が蒐集した映画説明レコードのデータベース化を進めている。(25) このプロジェクトでは、レコードに即したフォーマットがないためメタデータの入力に図書の書誌を応用していた従来の方法から脱し、レコードの表記に特化したプラットフォーム作りからはじめた。またレコードコレクションの整理で完結するものではなく、文化庁の日本映画情報システムとVIAF（ヴァーチャル国際典拠ファイル）にリンクしている。このプロジェクトは映画関連のレコードに留まらず多分野にわたる研究に門戸を開いている。片岡プロジェクトでは二〇二二年現在、隔月でZOOM（ウェブ会議サービス）による「片岡コレクション研究会」を開催し、SPレコードを用いた多角的な研究発表の場を設けている。

また関西では二〇二一年に「歴史的音源所蔵機関ネットワーク Network of Historical Recordings Collection」（レキレコ）が発足した。(26) SPレコードを所蔵する大学博物館、公共機関との連携を図り、情報共有をすることによって国内に現存するSPレコードの所在を可視化しようというプロジェクトである。同時に国内で製作・製造されたSPレコードの総合的なディスコグラフィを備えたデータベースの構築を目指している。SPレコード情報の基幹となる正確で統一されたディスコグラフィを作り、各所蔵館とリンクすることによって、現存するSPレコードや所蔵機関がカバーしているレコードの範囲も明らかとなり、個々の所蔵館のデータベースとの照会も容易になる。「現在、どのレコードがどこに所蔵されていて、どのレコードが未発見である」という照会がおこなえるようにするのが理想である。従来未発見であったレコードの情報がフィードバックされるようになれば、データベースの情報量も豊かになるであろう。さらに海外のデータベースと連携を図ることも将来的に可能となるはずだ。日本のレコード産業史は海外の研究者からも熱い視線が送られているのである。(27)

国内外のSPレコードのディスコグラフィに横たわる問題として、書式の不統一、発売データの不掲載あるいは混乱が挙げられる。海外のディスコグラフィやデータベースを見渡してみると、欧米のデータベースは実は発売データを採用しておらず、録音年月日を記載するのが主流であることに気がつく。たまに発売月・発売日を録音日と誤って表記する例もあるものの、海外ではどういうわけか発売記録には無頓着だ。一方、日本の多くのディスコグラフィ、データベースは新譜月と発売月を採用しているものの、両者が混在しており不統一なのが現状である。この彼我の違いは、基礎資料となるレコード会社の録音台帳が一般には公開されておらず、発売データ頼みとなることから生まれたものであろう。レコードの発売月は原則として新譜月の前の月になる。現在の雑誌の発売日と同じパターンである。つまり発売月と新譜月でデータは一ヶ月ずれてしまう。この新譜月と発売月の区別が曖昧《あいまい》であるというのが、現在の日本のデータベースに共通する問題である。(28)さらに定期的な新譜とは別に臨時発売、特別発売、記念発売などイレギュラーな発売が挟まり、そうした臨時発売のレコードが後続月の新譜広告に組み込まれることによって、二重三重にことをややこしくしている。たとえば「七月五日臨時発売、九月新譜」ということが起こる。発売データの書式はゆくゆくは統一する必要があるだろう。もっとも理想的なのは、臨時発売や特別発売も注記に含められる新譜月と発売年月日の併記方式である。ボン大学の片岡コレクションでは分かる範囲で併記方式を採ることにしている。

海外のＤＡＨＲ（アメリカ）のように録音記録をデータベースに実装するには、現存するレコード会社の協力が必要となる。コロムビア、ビクター、テイチク、キングは戦前から歴史を重ねて現在に至っており、戦前からの録音年月日が記録された録音台帳を保管している。レーベルによっては発売日やカットアウト（廃盤）の日時などリリース経歴が記録された資料も残されている。レコード会社のアーカイブから協力を得られれば、書誌にレコードの録音日を加えることが可能となろう。(29)

ただ、レコード会社が保管する原資料には契約内容や吹込み料が記載されていることもあり、プライバシー保護の観点から資料の一般公開はできないという。また一部のレーベルを除いて社内でのデジタル化も進んでいないというのが現状である。現在、研究者が録音記録にアプローチするには過去・現在の復刻盤のブックレットや文献類に掲載されたデータを拾うしかない。将来的に国立ディスコテークを作り、現存する録音記録についてもＤＡＨＲのように自由に参照することができるようになれば、データベースとして理想的であろう。それにはレコード会社の協力が必要不可欠である。

日本ではまだＳＰレコードのデータベース化が端緒についたばかりである。そうして、多くの所蔵機関でレコード資料に関する整備がなかなか進んでいないというのが実情である。その要因は、レコードという趣味性の高い世界のアイテムをどのように分類したらよいのか、史料としてどのように扱ったらよいのかという知識や経験の蓄積が各所蔵機関にまだ乏しいからである。そもそもＳＰレコード史料の整備に時間と人員、設備を割くだけの予算がない。しかしＳＰレコードを歴史史料として位置づけ、国家的な規模で歴史的録音アーカイブを設けることができればＳＰレコードをめぐる一般認識は大きく変わるであろう。これまで趣味のものと目されてきたレコードは立派に学術史料に成り得るのだから。この一冊のかなりの部分を費やしたように、レコード一枚を取ってもそこには多くの情報が含まれている。〈レコード学〉というものがそろそろ現われてもよいのではないかと筆者は考えている。

〈了〉

（1）https://archive.org/details/in.ernet.dli.2015.177987/
（2）https://jp.b-ok.as/book/982502/6bb8b4（二〇二一年六月現在、このページは削除されている）
（3）https://adp.library.ucsb.edu/HMVCelebritySeriesDiscography.pdf
（4）一巻-アメリカ編、二巻-ドイツ編、三巻-東欧諸国編、四巻-欧米のラテン諸国編、五巻-英加北欧諸国編、六巻-日本編、から成る。
（5）https://adp.library.ucsb.edu/Orchestra_on_Record.pdf
（6）一九三六年版より前にグラモフォン・ショップから"Encyclopedia of the World's Best Recorded Music"（一九三〇年）が出ている。
（7）CHARMは英国の研究支援機関である芸術・人文リサーチカウンシル（Arts & Humanities Reseach Council）のレコード音楽部門である。
（8）「グラモフォン社レーベルのコレクターズ・ガイド」は二〇一三年にミュージック・ウェブに掲載された。その三年後に著者のワード・フリードマンは亡くなった。http://www.musicweb-international.com/Friedman/index.htm
（9）一九九二年に東京書籍の東書選書版が、二〇〇六年に岩波現代文庫版が刊行された。
（10）あらえびすにはほかに『バッハからシューベルト』（名曲堂　一九三二年）、『古典音楽』（レコード音楽社　一九三七年）、『ロマン派の音楽』（同）という名著がある。また野村光一の『名曲に聴く』（創元社）は一九四五年に上・中・下の三巻組となり、さらに一九五〇～五一年に改定版が刊行された。この改定版もＳＰ時代のクラシック音楽レコードの総括として使い勝手がよい。

(11) 国立国会図書館雑誌カウンター、国立大学附属図書館、民音音楽資料館などに所蔵されている。

(12) ビクターの記録は、ソニー・ミュージック・エンタテインメントのアーカイブから提供された。具体的には録音台帳と「ブルー・ヒストリー・カード」と呼ばれるデータである。ブルー・ヒストリー・カードは日本コロムビアで「レーベルコピー」と呼ばれる書類で、原盤番号、テイク番号と使用するテイクや破損した録音原盤の明示、レーベルに記載する情報などが記載されている。

(13) https://www.kellydatabase.org/Entry.aspx

(14) インターネットアーカイブのトップページにある「Audio」タブから「78 RPMs and Cylinder Recordings」に進む。

(15) メインスプリングはすでにすべての出版業務を終えている。著作者、出版社の好意によって、非営利的な個人利用に限りダウンロードが許可されている。http://www.mainspringpress.com/

(16) カナダ国立図書館・文書館の当該コーナーへは、トップページから「Discover the Collection」へ進み、どのタブからでもデータベース→「Virtual Gramophone」にたどり着くことができる。検索でダイレクトに接続してもよい。

(17) http://78rpmrecord.com/　イェール大学のアーヴィング・S・ギルモア音楽図書館に設けられた「78回転レコードのデータ」に、主要なディスコグラフィ・サイトのリンク集がある。

(18) https://grammophon-platten.de/news.php

(19) https://www.truesoundtransfers.de/indexenglish.html

(20) フランスのＳＷＩＮＧなど一部のレーベルはディスコグラフィがリンクされている。https://78rpm.club/

(21) コロムビアの場合、メタデータが商品番号であったり原盤番号であったりという不統一が見られる。また取り除くべき原盤番号のプレフィックスがそのままとなっている。ビクターからは原盤番号は提供されていない。

(22) 「れきおん」もそうだが、表記されている発売データが「新譜月」なのか「発売月」なのか不明瞭である。もっとも海外のデータベースもこの点に関しては不統一である。

(23) 一部の例外がある。たとえば「日本ビクターレコード邦楽目録 昭和十三年度」はNDLC分類から外れているので、この検索法では出てこない。

(24) 一九三〇年一月(二月号)に創刊した『グラモフィル』が九月号から誌名を変更して『ディスク』(一九三〇年九月～一九四一年十月)となった。神田のレコード店・名曲堂が出していたパンフレット『名曲タイムズ』(一九二七年九月～一九二八年)、『名曲』(一九二八年～一九三〇年十二月)から発展したのが『レコード音楽』(一九三一年一月～一九四一年十月)である。この二誌に『レコード』誌を加えた三誌は雑誌統合によって『レコード文化』(一九四一～四三年)となった。『レコード』(一九三〇年九月～一九三九年)は『音楽世界』(一九二九～四一年)を発行していた音楽世界社が創刊したレコード雑誌である。よく似た誌名の『音楽雑誌 レコード』(レコード発行所)誌が一九三五年に発刊し、途中で『レコード文化綜合雑誌 レコード』と改称して一九四一年まで継続して発行されている。雑誌統合したのは後者の雑誌だろう。

(25) ボン大学人文学部日本・韓国研究専攻のラインハルト・ツェルナー教授と湯川史郎専任講師が主導している。

(26) 「歴史的音源所蔵機関ネットワーク」(レキレコ)は大久保真利子(九州大学総合研究博物館)、大西秀紀(京都市立芸術大学日本伝統音楽研究センター)、竹内有一(同)、三島美佐子(九州大学総合研究博物館)、柳知明(オーディオ史研究・元大阪芸術大学博物館)、毛利眞人を設立発起人として設立された。

(27) アメリカのレコード研究家でサウンド・アーティストのロバート・ミリス Robert Millis は日本での取材の成果として明治期出張録音のオムニバスCD "Sound Storing Machines (Chikuonki 蓄音機) - The First 78rpm Records from Japan" (Sublime Frequencies) をリリースした(このCDの冒頭に収録された雅楽『陪臚』は筆者がミリス氏に贈呈したレコードである)。またベルギーのルーヴェン大学でも若き日本レコード研究者が育ちつつある。

(28) 新譜月と発売月が混在するのも仕方がない事情がある。一昔前の文献資料やレコード会社のブックレット資料は、そもそも新譜月か発売月かを明記していないものが多かったのである。それをそのまま書誌に採用してしまうパターンが多く見受けられる。

(29) 戦前の大手レーベル中、ポリドールの録音記録は残念ながら失われてしまった。後継会社がなく消滅したニットー、タイヘイの録音台帳は一部が現存している。

あとがき

本書を執筆するきっかけとなったのは、かんさい・大学ミュージアム連携実行委員会が主催したＺＯＯＭ座談会『近代遺産の発掘と活用　寄贈資料を引き継ぐ～ＳＰレコード～』（二〇二〇年十一月二十一日）、それに続くボン大学のオンライン・ワークショップ『日本研究における史料としてのＳＰレコード』（二〇二〇年十二月十二日／二〇二一年一月九日・二月六日・二月二十七日）である。この２つの会で発表したＳＰレコードのレーベル上・盤面刻印の読み方に予想以上の評価が寄せられ、「マニュアルとして一冊にまとめてほしい」という声がもっぱら大学博物館の方々から挙がったので、筆者もその気になったのである。

ＳＰレコードを蒐集する個人コレクターは世代替わりをしながら年々増加しているように見受けられる。そこで趣味としてＳＰレコードを集めようという人、レコード史料を活かした研究を志す人、博物館などレコード所蔵館でＳＰレコードを整理する立場の人、さまざまな立場の人々を対象とした入門書として構想した。手をつけてみるとＳＰレコードの世界は広大無辺であった。それは覚悟のうえであった。ＳＰレコードとひとことで言っても世界中に展開した商品であり、収録された分野も広範囲にわたる。その歴史は複雑怪奇を極める。したがってレコード史については「分かりやすく」をモットーに、レコードを一瞥したときに分かりづらい要素については項目を立て、ガイド本の体裁でまとめてみた。入門書の条件を満たしつつレコード研究の最尖端を紹介したつもりだが、抜けた部分や細部の誤謬《ごびゅう》があったならば本書を叩《たた》き台として正確な情報で補完していただきたい。それから特にレコードの扱い方については「自分の洗浄法は違う」「レコードの持ち方が自分と違う」そういう声も当然あるだろう。ＳＰレコードの扱い方は厳格に決まっているわけではなく、正解がいくつもある。自己流でつつがなく過ごせていれば、それがベストなのである。現に、そうして残ったレコードが今あなたの手の中にあるのだから。

筆者は近年流行《はや》りの在野研究者という括りになるだろうか。本文に記したように中高生のころからSPレコードの沼にはまり、無謀にも「四万枚のレコードコレクションがある」という、たったそれだけで大阪芸術大学芸術学部文芸学科に進学した。レコードを学問したいという極めて単純な志望動機だったので大学生活はすぐに頓挫し、図書館に通って古い映画や音源、資料に親しむ日々が続いた。二十歳の夏のことだったと思う。同芸大にレコードを寄贈したコレクター故品川征郎氏の営む中古レコード店で働きはじめてSPレコードを毎日さわることとなった。学びの場がスライドして、二十代前半はSPレコードを毎日ただひたすら洗い、専門書を読み耽り、鑑定値付けし、即売会で顧客に勧めては売り、ときにはレコードの買い付けに英国やヨーロッパへ行った。これを一生の仕事としようと考えたのかは怪しいが、本能的の赴くままレコードの世界に深く沈み込んだのだった。

二十代後半から貴志康一の研究に没頭した。この時期レコードコレクションは休止していたものの、レコード屋にいたときのご縁でNHK情報ネットワークのエグゼクティブ・プロデューサーに拾われて北海道の新冠で準備中だった「レ・コード館」のための仕事を何年か請け負っていた。二〇〇一年には峯尾武夫アナに拾われて「関西発ラジオ深夜便」にSPレコードを紹介するコーナーを頂いた。これは十年間も続いた。二〇一六年に東京に転居するまで、大阪では橋爪節也氏（大阪大学教授）の周辺でぶらぶらしていて、催事があるとなると蓄音機のレコードコンサートや講演を世話していただいた。大阪歴史博物館の船越幹央氏にも同博物館でのコンサートを毎年のように企画していただいた。なんだかんだでSPレコードとの縁は途切れないで続いたわけである。そうこうするうち大阪芸術大学の所蔵レコードの一部を整理する機会に恵まれたり、同学博物館の参加するＺＯＯＭ座談会（冒頭に紹介した）で講演をおこなったり、と若いころに挫折した大阪芸術大学とリングがつながった。筆者は本書で「レコード・アーカイブ学」を提唱した。レコードを学問したいという初志にどうやら回帰したようだ。

振り返ってみると、自分の突き進むまったく個人的な研究はこうした多くの方々に助けられていた。独学という言葉も近年聞くが、筆者に関して云えば独学とはおこがましくてとても名乗れない。全方位に向けて恩返しをしなければならないと思いつつ、五十歳まで来てしまった。

SPレコードの教科書として本書をまとめる過程では、これまた多くの方々から知見を授かった。しばしばご登場願った岡田則夫氏の『レコード・コレクターズ』誌のご連載を筆者は二十代に愛読していた。コレクターの先達として、日本レコード史の先行研究者として無意識のうちに大きな影響を受けた。

大阪芸術大学博物館で長らく事務長・学芸員を務められた柳知明氏（オーディオ史研究家）からは海外のデータベース事情やレコードに関連した著作権についてご教示をいただいた。また本書の挿図を撮影するためにわざわざ大阪芸術大学に赴いてくださった。同学に進学してほどなく博物館でお目にかかったのが柳氏である。

同じ一九七二年生まれのアーカイブ・プロデューサー保利透氏からはニットー、タイヘイの回転数について教えていただいた。大久保真理子氏（九州大学博物館　専門研究員）、大西秀紀氏（京都市立芸術大学・日本伝統音楽研究センター　客員研究員）、鈴木三智子氏（国立国会図書館電子情報部）からも直接さまざまなご教示を得た。それから、数多くの先達の研究発表を参考にしなければ本書はできあがらなかった。さらにレコードガイドとしてまとめあげるうえで、何度も研究発表の場を設けてくださったラインハルト・ツェルナー教授と湯川史郎専任講師（ともにボン大学　日本・韓国研究専攻）に感謝しなければならない。

すでに鬼籍に入られた研究者・コレクターの方々にもずいぶんとお世話になったが、ここでは御礼を述べきれない。高校時代から交流した仲辻秀綱氏、筆者を研究仲間として遇してくださったクリストファ・N・野澤氏、レコードコレクターとして曠古無双の破天荒な存在であった品川征郎氏にはそれぞれ尽きせぬ思い出がある。皆さんの膨大な知見のいくばくかが後世に伝えられれば幸いである。

最後に、この海のものとも山のものともつかない「レコード・アーカイブ学」の書に上梓の機会を与えてくださった株式会社スタイルノートの池田茂樹氏、SPレコード特有の複雑な記述に丁寧に対応してくださった編集者の冨山史真氏、それから「路上に落ちていた財布を拾ったら同じ飲み会にいた編集者の方だった」という酒縁で知己を得て、今回スタイルノートをご紹介くださった株式会社 共和国の下平尾直氏に厚く御礼申し上げます。

SPレコード用語集

ア

青盤〔アオバン〕　主にコロムビア洋楽の高級価格盤を指す。ビクターでは安い価格帯。

赤盤〔アカバン〕　特にビクターの高級レーベルを指して呼ぶことが多い。大正期のニットーはあえて安い価格帯を赤レーベルに設定した。コロムビアでは歴史的録音を赤盤にした。

委託盤〔イタクバン〕　発行元の委託によってレコードメーカーが製作するレコード。校歌や社歌、団体歌が多い。商品番号には委託盤であることを示す記号が付与された。A（戦前コロムビア）、PR（戦後コロムビア、ビクター）、L・SR（ポリドール）、M（タイヘイ）。

請負プレス〔ウケオイプレス〕　発行元の委託によってレコードを製造すること。委託プレス、請負盤などともいう。

ウブい　人の手がついていない状態のレコード。目垢のついていない商品をウブ荷ということから。

AK盤〔エーケーバン〕　二種類ある。①一九四〇年より日本放送協会が主として放送用に発行した局内レーベル。コロムビアが委託製造した。通常放送のジングル・儀礼音楽、海外放送用のほかに帝国議会や戦局の記録用という側面もあった。②戦後にコロムビアが発行した教育用レコード。

扇〔オウギ〕　一九三六年にレコードレーベルとして独立して以降のキングレコードのこと。レーベルデザインが扇を広げた形に似ているから。

欧文目録〔オウブンモクロク〕　コロムビアやビクター、パーロホンは昭和一桁から十年代にかけて欧文の月報、総目録を発行していた。ポリドールおよびオデオンは一冊に日本語と欧文カタログを併載した。日本国内の外国人向け、輸出向けの需要から作成されていたと思われる。

大盤〔オオバン〕　12インチ盤の呼び名。

お蔵入り〔オクライリ〕　録音されたものの未発売となった音源。テスト盤や店頭用の試聴盤、まれに市販プレスで見つかることがある。

想い出盤〔オモイデバン〕　一九五三年に日本ポリドール株式会社が戦前の原盤を使って再発売したシリーズ。同社が一九五六年に日本グラモフォン社となってからも継続して製造された。

カ

海賊盤［カイゾクバン］　複写盤と同義。ブートレグ。

歌詞カード［カシカード］　日本のレコード産業は商習慣として歌詞カードをレコードに添付していた。このようなサービスは海外では少ない。歌詞カードとはいうものの、レコードの内容によって台詞や解説のこともある。レコード検閲を司った内務省警保局図書課では「内容解説カード」「内容解説書」「文句カード」という用語を使っていた。

片面盤［カタメンバン］　主に両面盤となる以前のシングル・サイド盤を指すが、一九四〇年代までレコード製作の都合で最終面がブランクとなることはあった。

カップリング　レコードの組み合わせのこと。

紙つき［カミツキ］　歌詞カード・スリーブつきのレコード。

カラーレコード　普通のレコードはシェラック、コーパルゴムなどの素材にブラックカーボンを混ぜて黒くするが、異なる色素を混入することでさまざまなカラーレコードが作られた。一九〇〇年代から存在したとみられ、一九二〇年代以降は鮮やかなカラーレコードが製作されている。

キンポリ　日本ポリドールが委託製作していた時期（一九三一年一月新譜～一九三六年四月新譜）のキングレコード。商標がポリドールである。ポリキンとも。

ぐらも・くらぶ賞［グラモ・クラブショウ］　戦前、大阪蓄音器商組合が月間を通して売上の良かった流行歌レコードを選出して授与した賞。一九三五年一月から一九四一年九月まで確認されている。

黒盤［クロバン］　黒いレーベルのレコード。多くの場合、スタンダードな価格帯。ただし大正期のニットーでは高価格帯。

月報［ゲッポウ］　レコード会社が毎月発行する新譜宣伝の小冊子。毎月の新譜レコードと臨時発売レコードが告知される。レコードカタログの抄録が収められることもある。

原盤番号［ゲンバンバンゴウ］　マトリックスナンバー。マト。録音に与えられる固有番号（シリアルナンバー）のみの場合もあれば、プレフィックス（接頭辞）、サフィックス（接尾辞）、テイクナンバーを組み合わせることもある。

小型盤［コガタバン］　5インチ、6インチ、7インチ、8インチなど、標準的な10インチ盤より小型のレコードを指す。

サ

再発［サイハツ］　レコードが初出から間をおいて再び発売されること。人気のある曲種、録音だと長期にわたって何度も再発される。

三点揃い［サンテンゾロイ］　歌詞カードとオリジナルのスリーブがついた状態のレコード。

私家録音［シカロクオン］　家庭で録音されたレコード。自家用のレコード録音再生機は戦前期にある程度普及していた。RCAビクターの高級機はラジオ放送を専用の合成樹脂盤に録音することが可能であったし、一般的には日の本商会の「日の本写音機」や東京トーキー製作所の「ガルヴァァー」が有名である。また市中で私家録音をおこなう「ホノマトン」のような録音業者もあった。戦前の私家録音盤の多くはアルマイト盤で、理研、デンオンなどのメーカーが製作していた。戦後はアルミ板にニトロセルロース系の皮膜を塗布したラッカー盤が主流となった。

写真盤［シャシンバン］　吹込アーティストの顔写真などをデザインしたレーベル。昭和十年代半ばから用いられた。特にポリドールやリーガル、タイヘイの写真盤は流行歌コレクターの間で珍重される。

出張盤［シュッチョウバン］　出張録音によって製作されたレコード。フレッド・ガイスバーグ一行が来日しておこなった録音で知られる。

ジョバー［jobber］　卸売業者のこと。戦前のレコード流通にはレコード会社が小売店と個別に契約を交わす特約店制度と、卸商を介して小売店にレコードを卸すジョバー制とがあった。ジョバー制は戦時中に廃止され、配給会社に一元化された。

白盤［シロバン］　日本コロムビアでは国歌や式日用など国の補助で発行されたレコード。日本ビクターでは国や軍の補助で発行したレコードのほか歴史的録音に用いられた。またレーベルを問わず試聴用レコードに白レーベルを用いることが多かった。

新譜［シンプ］　新たに発行されるレコードのこと。その月に発売されるレコードは新譜月報によって告知される。実際に発売される日は新譜月の前月下旬であることが多い。対義語として、過去に発売されたレコードを「旧譜」と呼ぶ。

スダレ　コロムビアの一九四〇年四月以降のレーベルデザイン。縦格子がすだれに見えるのでそう呼ばれる。レーベルの色にしたがって赤スダレ、黒スダレと呼ばれる。

スタンパー［Stamper］　レコードをプレスするための原盤。おおおむね二、三千枚ほどで摩滅したといわれる。スタンパーが摩滅すると、新しいスタンパーがマザー（母型）から作成される。

スリーブ　レコード袋のこと。ジャケットとも呼ばれる。SPレコードのスリーブはレコード会社ごとに共通の意匠が用いられることが多かったが、特別にデザインされることもある。主として紙製である。

ズル盤［ズルバン］　盤面が擦れた状態のレコード。

Zシェラック［ゼットシェラック］　米ビクターで一九二〇年代後半から製造された、微細で上質なシェラックを使用した高級盤。盤面にZの刻印がある。

宣伝盤［センデンバン］　①店頭で演奏して宣伝するためのレコード。②レコードの価格を低廉に抑えるため、宣伝盤と称したレコード。ショーチクや初期のテイチクが有名。

総目録［ソウモクロク］　いわゆるレコードカタログ。年に一度発行される。年末や年度末に発行されるものが多い。レコード価格表が掲載されていたりと資料性が高い。

タ

駄盤［ダバン］　価値がないと目されるレコード。あまり良い言葉ではない。流行歌コレクターが純邦楽のレコードの山に当たると「駄盤」でも、純邦楽コレクターからすれば宝の山である。レコード社の故井東富二子社長がいいことを言った。「レコードに駄盤はありません」。売れないレコードはない、ということである。

ダビング盤［ダビング盤］　原盤を機械的に複写して作ったマスター原盤によって製作されたレコード。金属原盤がない場合や、音量を調整する必要がある場合に作成された。日本コロムビアの場合、原盤番号のプレフィックスにDがつくことが多い。

タマ　トレード（交換）の際に用意するレコード。実弾という意味合い。

だるまラッキー［ダルマラッキー］　東京レコード製作所プレスのラッキーレコード。レーベル意匠がダルマに見えるのでそう呼ばれる。意匠の原型はアメリカのヴァン・ダイク盤。コロムビアゾレスのラッキーレコードはコロムビアラッキーと呼ぶ。

ダンピング　蓄音器商組合に加盟するジョバー（卸商）を通さずレコードを中古レコード店や夜店で売りさばく行為。スリーブや歌詞カードに印刷されたジョバーの識別コードを切り抜いて出所不明の状態にしてあるのが特徴。

蓄音器祭［チクオンキマツリ］　一九二八年より全国蓄音器商組合

の主催で毎年七月一日から一週間おこなわれた。ラジオ放送や新聞を巻き込み、デパートでの展覧、公会堂などでのレコードコンサートといった催しを通して業界の振興を図った。一九三一年からビクター、コロムビア、キングなどは七月初週に記念レコードを発売した。特にビクターは「ビクター週間」と銘打って力を入れていた。

長時間盤〔チョウジカンバン〕　RCAビクターが一九三一年に発売した33⅓回転盤で片面一〇分程度の演奏が可能だった。アメリカでの呼称はプログラム・トランスクリプション。またウォルド、ニットーが発売した線一定速度方式のレコード。

チョコレート盤〔チョコレートバン〕　ポリドールの写真盤でも特に褐色のかった色合いで印刷されているものをチョコレート盤と呼ぶ。またビクター・ジュニア盤や米ヴォカリオン盤のようにブラックカーボンを入れない茶色盤をそう呼ぶこともある。

珍盤〔チンバン〕　稀覯《きこう》盤。レア盤。

テイク〔Take〕　一度の録音セッションでおこなった複数の録音。原則としてひとつのテイクがプレス用マスター原盤に選ばれるが、しばしば異なるテイクもマスターに用いられた。そうしたレコードは「テイク違い」として珍重される。

テスト盤〔テストバン〕　複数のテイクからマスター原盤を選択するための社内試聴用レコードを指す。お蔵入りとなった音源が記録されていることがままある。

十吋〔トオインチ〕　25センチ盤。一般的にはジュウインチという。

特殊盤〔トクシュバン〕　通常のSPレコードとは異なる特徴・用途を持ったレコード。マジック・レコードや周波数レコード（Frequency Record）など。

ナ

内報〔ナイホウ〕　レコード卸商や小売店向けに発行されていた月報で、新譜のうち特に力を入れて売って欲しいレコードや発売中止情報などが記載されている。

鳴らぬ珍品〔ナラヌチンピン〕　関西の一部で使われていた隠語。普通の蓄音機で再生しても音が出ないパテ、エジソンなどの縦振動盤を指す。この語には出典があり、「珍品レコード」（グラモフィル社　一九四〇年）のなかで山口亀之助が記した『邦樂盤懐古録』にこの言葉が用いられているところから流布した。

猫またぎ〔ネコマタギ〕　猫も食べないでまたぐという意味から、

見向きもされないレコードをいう。

ハ

発禁［ハッキン］　発売禁止のこと。一九三四年八月に開始されたレコード検閲でもっとも重い行政処分。

半端物［ハンパモノ］　アルバムセットで完揃ではない状態。

ピカ盤［ピカバン］　いわゆるミント盤。ピカピカなのでピカ盤。

ピクチャーレコード　レコードの盤面に写真を挟み透明樹脂でラミネートしたレコード。一九二〇年代から作られた。

ヒゲ　センターホールの周囲につく傷。ヒゲが少ないほど使用回数も少ないとされる。

VG盤［ブイジーバン］　可変音溝による準長時間盤。

復刻盤［フッコクバン］　SPレコードの音源をLPレコードやCDにすること。板起こし。

ブラジル盤［ブラジルバン］　日本コロムビアや日本ビクター、日本ポリドールなどは北米・南米、ハワイでも新譜を製造販売していた。ブラジル盤は戦後に逆輸入される形で日本にももたらされた。レーベル意匠は地味だが盤質が良く、戦時下の国内盤よりも音質がすぐれているので珍重される。

ブランク　レコード盤面の無溝部。また録音用シリンダー（蝋《ろう》管）や自家録音用レコードの未使用状態もブランクと呼ぶ。

プレスミス　レコード製造の過程で生じるレーベルの貼り間違い（両面とも同じレーベル・まったく異なるレコードのレーベル貼付）や、両面同じ原盤でプレスしてしまう事例。

ヘアークラック　薄く入ったヒビ。ヘアーとも呼ぶ。

邦楽［ホウガク］　①国内製作のレコード及びその目録を指す。クラシック音楽でも国内録音は邦楽カタログに編入された。②ジャンルとして純邦楽を指す。

邦盤［ホウバン］　国内製作・プレスの邦楽レコード。

本盤［ホンバン］　①北支事件による特別物品税が課せられる以前のプレス。品質が良い。②見本盤・テスト盤に対応して、実際に発売されたレコードのことを本盤という。

マ

マイナーレーベル　中小資本のレコード会社。メジャーレーベルの反対。

マザー［Mather］　マザー原盤の略。スタンパーを作成するための第二原盤。凹盤。母型ともいう。

マジック・レコード［Magic Record］　複数の音溝が並行して

カッティングしてあるレコード。針を落とす位置によって再生される音溝が異なる。その歴史は古く、一九〇〇年にはすでに製作されていた。児童向けのなぞなぞや競馬、大人向けの艶笑クイズなどの内容があった。日本ビクターでは「謎レコード」の名で発売した。

マスター [Master] マスター原盤の略。レコーディングしたワックス盤から作成した第一原盤。凸盤。マスター原盤からマザー原盤（凹盤）が作られる。父盤ともいう。

マト [Matrix-number] マトリックス（原盤）番号のこと。

Ⓝ [マルエヌ] 一九四〇年四月に施行された物品税法によってレコードに二〇％課税され、盤面に刻印された。N盤とも。

㊋ [マルコウ] 一九四〇年六月に公定価格が制定された際、テイチクとポリドールの盤面に刻印された。

Ⓣ [マルティー] 一九三七年八月、特別物品税が二〇％課せられた際の刻印。コロムビアの洋楽盤などに刻印された。初期のものは〇がないT刻印。

㊕ [マルトク] 一九三七年八月、特別物品税が二〇％課せられた際の刻印。コロムビアの邦楽盤、ビクターの邦楽・洋楽盤などに刻印された。

㊊ [マルブツ] 一九三八年四月、支那事変特別税法によりレコードに一五％課税された際の刻印。ポリドール盤に刻印された。

未発売 [ミハツバイ] 何らかの理由で発売されなかった録音。

↓お蔵入り

見本盤 [ミホンバン] 新譜レコードの宣伝用に小売店に配布される試聴用レコードのこと。見本盤が小売店に行き渡ってから発売中止となるケースが一九三七年以降はしばしばあり、その場合は見本盤が貴重な音源となる。戦後はサンプル盤といった。

ミント盤 [ミントバン] 極めて状態の良いレコード。ピカ盤。

紫盤 [ムラサキバン] アコースティック録音・電気録音ともにビクターの廉価盤に設定された。コロムビアでは赤盤より上位の高級盤。

メジャーレーベル 大手レコード会社を指す。日本の場合、ビクター、コロムビア、ポリドール、キング、テイチクが相当する。戦前期はタイヘイも含めて六大レコード会社といわれた。

ヤ

洋楽 [ヨウガク] ①海外原盤を日本でプレスしたレコード及びその目録を指す。②ジャンルとしての西洋音楽。クフシック音楽に限らずジャズ・ポピュラー音楽を含む。

洋盤［ヨウバン］ ①海外プレスの輸入盤。②洋楽レコード。海外原盤を日本でプレスしたレコード。

夜店レコード［ヨミセレコード］ 蓄音器商組合を通さず中古レコード店や夜店で売りさばくレコードのこと。組合が定めた正価より安く価格設定したので廉価乱売で利益を出した。夜店レコードを製作した代表的なレーベルとしてテイチク、ツル、キリン（タイヘイ）、オーゴン、ニュータイヨー・ヤヨイ（東京レコード製作所）などがある。

ラ

ラフィング・レコード［Laughing Record］ 笑い声を入れたレコード。欧米ではシリンダーレコードの時代から作られた人気商品で、ラフィング・ソングの場合もあれば寸劇でレコードの大部分に笑い声が入っている場合もある。日本でもヨーロッパ録音の「笑ひのレコード」（オデオン、パーロホン、コロムビア）が発売された。

リードアウト・グルーブ レコード内周の引き込み音溝。リードイン、リードアウトという用語はCDにも受け継がれている。

リードイン・グルーブ レコード外縁から音溝に導かれる溝。単にリードインとも。

リボン盤［リボンバン］ 米コロムビアで一九二〇年代に用いられた、三色リボン柄があしらわれた意匠のレーベルをリボン盤と呼ぶ。地色が金、銀、銀緑でリボン柄と相まって華やかなところから、野村あらえびすはこれを「彦根屏風」と呼んだ。

臨時発売［リンジハツバイ］ 毎月決まった日に発売される新譜とは別に臨時に発売されること。特別発売、記念発売とも。発売後の月の新譜に組み込まれることも多い。

レア盤［レアバン］ なかなか市場に出ない珍しいレコード。稀覯盤。ただし過去にレア盤とされたレコードが近年よく見受けられるという例もあるので、不変の価値を持つとはいえない。

レーベル ①レコード会社のこと。②レコード盤の中央に貼付された紙のこと。ラベル。

廉価盤［レンカバン］ スタンダードな価格帯（戦前期は一円五十銭）より安価な価格帯のレコード。

参考文献

【単行本・雑誌】

帰山教正・原田三夫編『映画講座3　トーキーと天然色映画』東方書院　一九三一年
山口亀之助『レコード文化発達史　第壱巻　明治大正時代　初篇』録音文献協会　一九三六年
隈部一雄『どらいぶうえい』山海堂出版部　一九三六年
あらえびす『名曲決定盤』中央公論社　一九三九年
『日蓄（コロムビア）三十年史』株式会社日本蓄音器商会　一九四〇年
堀内敬三『音楽五十年史』鱒書房　一九四二年
クルト・リース・佐藤牧夫（訳）『レコードの文化史』音楽之友社　一九六八年
倉田喜弘『日本レコード文化史』東京書籍　一九八〇年
森本敏克編『レコードの一世紀・年表』沖積舎　一九八〇年
ローランド・ジェラット・石坂範一郎（訳）『レコードの歴史』音楽之友社　一九八一年
山川正光『オーディオの世紀』誠文堂新光社　一九九二年
『社団法人日本レコード協会50年史　ある文化産業の歩いた道』社団法人日本レコード協会　一九九三年
歌崎和彦編『証言——日本洋楽レコード史』音楽之友社　一九九八年
大西秀紀編『SPレコード・レーベルに見る日蓄——日本コロムビアの歴史』京都市立芸術大学　日本伝統音楽研究センター　二〇一一年
岡田則夫『SPレコード蒐集奇談』株式会社ミュージック・マガジン　二〇一二年
大西秀紀「浪花節のニットー長時間レコード」『令和元年度　年報』演芸資料館／ワッハ上方　二〇一九年
『音楽世界』（音楽世界社）
『レコード音楽』（レコード音楽社）
『ディスク』（グラモヒル社）
『78　SEVEN EIGHT』（鎌倉書林）

『ＳＰレコード』（アナログ・ルネッサンス・クラブ）

【洋書】

Brian A. Rust "THE AMERICAN RECORD LABEL BOOK" ARLINGTON HOUSE PUBLISHERS 1978

Robert & Celia Dearling, Brian Rust "THE GUINNESS BOOK OF RECORDED SOUND" GUINNESS BOOKS 1984

James Methuen-Campbell "Catalogue of Recordings by Classical Pianists Volume 1 (Pianists born to 1872)" DISCO EPSOM LIMITED 1984

Steven C. Barr "ALMOST COMPLETE 78 RPM RECORD DATING GUIDE（II）" Yesterday Once Again 1992

Don Taylor "The English 78 Picture Book" Artemis Publishing Consultans 1999 その他（第五章参照）

【連載】

増井敬二・三好清達・後藤和彦「洋楽放送五十年」『音楽の友』連載　音楽之友社　一九九七年

山崎整「関西発　レコード１２０年　埋もれた音と歴史」神戸新聞　一九九七～九九年

【Ｗｅｂ上の情報】

三浦敬吾「ＳＰレコードと録音（２）」『早稲田大学図書館紀要』（通号42）一九九五年

飯島満・永井美和子・中山俊介「フィルモン音帯に関する調査報告」『無形文化遺産研究報告（５）』東京文化財研究所　二〇一一年

飯島満「フィルモン音帯一覧」（二〇一五年三月現在）『無形文化遺産研究報告（９）』（東京文化財研究所）

【取材協力（敬称略）】

大久保真利子、大阪芸術大学博物館、大西秀紀、貴志俊彦、故クリストファ・Ｎ・野澤、国立国会図書館、故品川征郎、鈴木三智子、東京文化財研究所、故仲辻秀綱、細川周平、保利透、柳知明、湯川史郎、Robert Millis

索　引

アルファベット

かな

● 著者紹介

毛利眞人（もうり・まさと）

1972年生まれ。音楽評論家・レコード史家。

著作に『貴志康一 永遠の青年音楽家』（国書刊行会 2006）、『ニッポン・スウィングタイム』（講談社 2010）、『沙漠に日が落ちて　二村定一伝』（講談社 2012）、『ニッポン　エロ・グロ・ナンセンス 昭和モダン歌謡の光と影』（講談社 2016）、共著に『モダン心斎橋コレクション』（国書刊行会 2005）、『大大阪イメージ』（創元社 2007）、『浅草オペラ　舞台芸術と娯楽の近代』（森話社 2017）等がある。2019年10月、ボン大学に於いてＳＰレコードの分類活用に関するワークショップと講演をおこなう。2022年4月現在、ボン大学・片岡プロジェクト及び早稲田大学演劇博物館の招聘研究員。ビクター・エンタテインメントやインディーズレーベル「ぐらもくらぶ」でSP盤復刻CDの音源提供・監修を手がけるほか、テレビ番組のリサーチャー、蓄音機を用いたコンサート・講座をおこなっている。

SPレコード入門《にゅうもん》
――基礎知識《きそちしき》から史料活用《しりょうかつよう》まで

発行日　2022年5月30日　第1刷
　　　　2022年6月11日　第2刷

著　者　毛利眞人《もうりまさと》
発行人　池田茂樹
発行所　株式会社スタイルノート
　　　　〒185-0021
　　　　東京都国分寺市南町2-17-9 ARTビル5F
　　　　電話 042-329-9288
　　　　E-Mail books@stylenote.co.jp
　　　　URL https://www.stylenote.co.jp/

装　幀　Malpu Design（清水良洋）
印　刷　シナノ印刷株式会社
製　本　シナノ印刷株式会社

ISBN978-4-7998-0196-3 C1073